JN313256

安心感に支えられ、自分の思いを自由に表現できること

安全で安心できる居場所が確保され、自分が受け入れられている実感がもてる

人に対する信頼感が育つこと

子どもの心の中に、たくさんの信頼できる人が住めるようになっていく

やりたいことやあこがれが育つこと

子どもが外の世界に対する魅力を見つけ出していく

1歳ごろ　2歳ごろ　3歳ごろ

〈基本的・日常的生活活動〉

３歳までの子どもにとって「心地よい身体性」の獲得は、特別な意味をもっています。離乳食にはじまる食との出会い、睡眠のリズムの獲得、排せつの自立、そして清潔な生活習慣の獲得と……。自分の中に獲得した心地よさと、新たに遭遇する生活文化との間には、矛盾が満ちあふれているのです。鍵をにぎるのは、くり返す心地よい体験を通して「喜び」と「期待」の感覚が育つこと。保育者の根気と、ゆとりと、やさしさが問われます。

〈探索・探究する生活〉

周囲の世界に対する興味・関心が限りなく広がっていくのが、この時期の子どもたちです。寝返り・ハイハイの獲得・歩行の自立と、要求の拡大が身体の発達を誘い、身体の発達とともにおもしろさも拡大していきます。安全に配慮された、興味あふれる空間の中、自由に探索・探究する生活を保障することが大切です。そして自然との出会いを通して、さらに広い世界へと、子どもたちの探索・探究する生活は広がっていくのです。

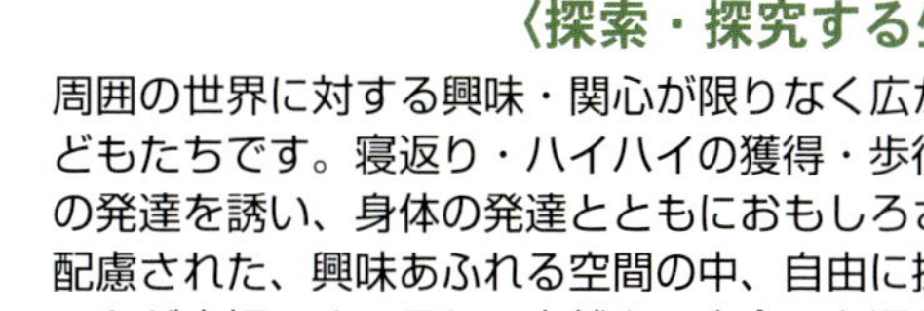

〈文化に開かれた生活〉

保育者とのていねいなかかわりを通して、おとなに対する安心と信頼の関係を獲得した子どもたちの思いは、やがてうたや絵本といった文化の世界に広がっていきます。うたや絵本の音や言葉をくり返し耳にする経験は、他者と共感する心地よさと、背後に広がる物語の世界へと子どもたちを誘っていくのです。あそびうたを通して子どもと保育者の関係が広がる乳児期から、文化を共有しあう仲間の関係へと、子どもたちの世界は大きく広がっていくのです。

〈創造的で協同的な活動〉

幼児後期に花開く「創造的で協同的な活動」の芽が育っていくのが、乳児期から幼児前期の段階です。乳児後期に獲得する３項関係にはじまって、みたて・つもりあそびからごっこあそびへと、虚構と想像を共有しながら物語を創造しあう仲間関係が豊かに育っていくのがこの時期です。モノ・人・文化とのかかわりをすべてつなげながら「未来」と対話しあっていく活動を、「希望」を育てる保育実践の端緒を開く実践として大切にしたいものです。

心も体も気持ちいい

子どもとつくる

子どもとつくる保育・年齢別シリーズ

0歳児保育

加藤繁美・神田英雄 監修
Kato Shigemi　Kanda Hideo
松本博雄＋第一そだち保育園 編著
Matsumoto Hiroo

ひとなる書房 HITONARU SHOBO

もくじ

子どもとつくる0歳児保育——心も体も気持ちいい

序

喜びと希望を紡ぎあう保育実践の創造にむけて

❶ 新時代の保育実践を、子どもとともに

時代が19世紀から20世紀へと変わろうとする世紀転換期、「20世紀に特徴を与えるのは次の新しい世代である」と喝破し、そんな思いを『児童の世紀』（小野寺信・小野寺百合子訳、冨山房）に認めたのは、スウェーデンの女性思想家エレン・ケイ（1846-1926）でした。

もちろん、ケイだけではありません。「児童中心主義」をスローガンに掲げた「新教育運動」が世界を席巻していったのが20世紀初頭の出来事なら、20世紀後半には「子どもの最善の利益」を思想的核心にすえた「子どもの権利条約」を手に入れるところまで、「子どもの権利」を大切にする思想と実践は、20世紀を通して拡大し続けてきたのです。

しかしながら、それと同時に、20世紀は戦争と紛争の世紀でした。戦争と紛争は、社会的弱者である子どもたちの生命を奪い、「権利」の入り口にも立てない子どもたちを、多く生み出すことになりました。

また20世紀は、産業化の流れに牽引される形で拡大した、商品と消費の世紀でもありました。自然あふれる生活の中で、ゆっくりと人間へと成長してきた「人間化」の道筋を、商品と消費の価値に置き換えていった百年でもあったのです。

と同時に、20世紀は学校の世紀でもありました。人間形成に「学校」が大きな位置を占めるようになり、乳幼児の発達も学校的価値に大きく影響を受けるようになってきました。

深刻なのはこうした中、愛されながら発達するという、人間発達のもっとも基底に位置する権利を保障されないまま乳幼児期を過ごす子どもたちを、この時代が生み出していることです。

本シリーズは、こうした時代に求められる保育実践を、子どもと保育者の相互主体的な関係を基礎に創造しようという意図のもと、編集されています。シリーズを貫くコンセプトは「子どもとつくる」。年齢別に編まれたそれぞれの巻では、この時代が求める「子どもの声と権利」に根ざした保育実践の理論と実際を、発達課題に対応させながら整理しています。

 「喜び」と「希望」を紡ぎあう保育実践の構造

1）子どもの中に「喜び」と「希望」を育てる三つの要素

もっとも、一口に「子どもとつくる」と言っても、0歳児の保育実践と5歳児の保育実践とを同列に論ずることはできません。なんといっても乳幼児期は、「対話する主体」として子どもたちが成長・発達しつつある段階なのです。いくら「相互主体的関係」で保育実践を展開するといっても、実践の展開過程で、子どもと保育者が完全に対等な関係になるということなど、現実にはありえないことなのです。

大切なのは、子どもたちを「対話する主体」へと育てる実践を、対話的関係を創造する営みの中で展開することです。つまり、子どもたちを「対話する主体」へと育てる道筋を構造的に整理し、それを保育計画と保育実践の基本視点と位置づけながら、実際の保育実践は、対話的関係に徹しながら柔軟に展開していく……。そんな実践を、発達課題に対応させながら展開していこうというのです。

その場合、シリーズを通して大切にしたいと考えているのが、子どもの中に「喜び」と「希望」を育てる保育実践の姿です。それは、そもそも子どもたちが「喜び」と「希望」に向かって生きていく存在だという素朴な理由から描き出したものですが、それと同時に、そんな子どもの発達を保障する生活を、意識的・組織的に、しかしさりげなく創りだしていくことを時代の課題と考えたからに他なりません。

本シリーズではこうした課題意識のもと、子どもの発達を次に示す3つの要素が豊かに育つことと位置づけています。

①安心感に支えられ、自分の思いを自由に表現できること
②自分の心の中に、たくさんの信頼できる人が住めること
③やりたいことやあこがれが、自分の中に育つこと

監修者の一人である神田英雄が、この時代に生きる子どもたちに、とりわけていねいに保障したいと語ったことを起点に、執筆者が議論し、合意した内容ですが、①と②が現在を「喜び」とともに生きる子どもの姿であるのに対して、③に示した内容が、「希望」を創りだし、「未来」に向かって生きていく子どもの姿に対応しています。

2）子どもの中に「喜び」と「希望」を育てる４つの生活

重要な点は、こうして整理した、子どもの中に形成する「３つの要素」に対応する形で、子どもたちに保障する生活・活動も３種類に整理できる点にあります。

たとえば、子どもたちが「自分の思いを自由に表現できる」生活は、子どもの周囲に広がる自然や事物に対する興味・関心を起点に、豊かに広がっていきます。本シリーズでは、こうして子どもの前に広がる「喜び」の世界を、「周囲の環境や事象に、驚きや不思議心で働きかける探索・探究する生活」**〈探索・探究する生活〉**と位置づけています。

これに対して、子どもの中に「たくさんの信頼できる人が住める」生活のほうは、「保育者に対する安心・信頼を基礎に、文化に向かって開かれた生活」**〈文化に開かれた生活〉**と整理しています。乳児期から幼児前期の実践においてとりわけ大きな意味を持つ「保育者に対する安心と信頼の感覚」は、やがて保育者の背後に広がるたくさんの人々が大切にする価値や思いを形にした文化的価値に向かって開かれていくことになるのです。つまり**〈文化に開かれた生活〉**は、子どもの中に広がる「喜び」のもう一つの側面を構成する要素として、生活の中に位置づけられていくのです。

これに対して、③の「やりたいこと」や「あこがれ」が育つことは、子どもたちの中に「希望」が育つことを意味しています。未だ体験したことのない「未来」に向かって、仲間と共に「主体性と協同性とを響かせながら創造的で協同的な活動を展開していく生活」**〈創造的で協同的な活動〉**に子どもたちは、目を輝かせて取り組むようになっていくのです。もちろん、乳児期から幼児前期にかけてこの活動は、未だ主たる活動にはなりません。幼児中期（３～４歳半）から幼児後期（４歳半～６歳）にかけて、幼児が幼児らしく輝く活動がこれにあたります。

このように本シリーズでは、子どもたちが「喜び」と「希望」を紡ぎあう生活・活動を、**〈探索・探究する生活〉〈文化に開かれた生活〉〈創造的で協同的な活動〉**に分類・整理して論じていきますが、乳幼児の保育実践を考えるとき、あと一つ忘れてはいけない生活があります。食事・睡眠・排泄・清潔といった「基本的生活活動」と、グループや当番活動といった「日常的生活活動」にかかわる生活です。「心地よい身体性と、安定した居場所を保障する生活」**〈基本的・日常的生活活動〉**がこれにあたります。

図は、こうして４種類に分類・整理された生活・活動を、「喜び」と「希望」に向かって発達していく子どもの姿に対応させて、さらに３層構造で整理し直したものです。

図 保育実践を構成する4つ生活・活動の構造

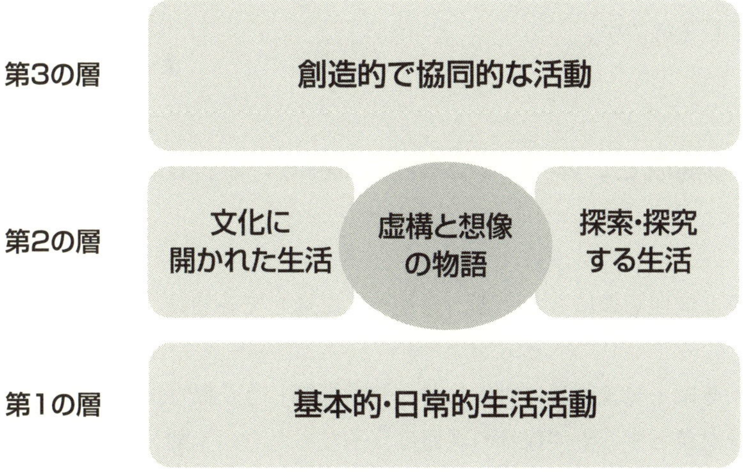

図の中で「第１の層」を構成しているのが**〈基本的・日常的生活活動〉**です。心地よい身体性と安定した生活が、すべての活動の基礎になっていき、この上に**〈探索・探究する生活〉**と**〈文化に開かれた生活〉**が豊かに広がっていくのです。この「第２の層」が子どもの中に形成される「喜び」の２つの側面を構成しているわけですが、こうして２種類の「喜び」の世界が拡大するのに対応して、子どもの中には「虚構と想像の物語」が生成していきます。乳児後期に形成される「３項関係」にはじまって、幼児期に大きく発展していく「ごっこあそび」や「想像力」の世界がこれにあたります。

そしてこの「虚構と想像の物語」を媒介にしながら、すべての経験をつなげる形でつくられていく活動が、「第３の層」に相当する**〈創造的で協同的な活動〉**です。乳児後期に「芽」を出し、幼児後期に大きく開花していくこの活動は、まさにこのシリーズを象徴する保育実践になっています。

３）対話する保育実践は、対話的関係の中で創造される

本シリーズでは、以上見てきたように、３層に構造化された４種類の生活・活動を、保育計画の構造として位置づけています。もちろん、実際には４種類の生活・活動がバラバラに存在することはありえませんし、年齢によって、その関係も発展していきます。

保育者の頭の中で整理された計画は、常に子どもの要求との間で、練り直され、組み替えられ、柔軟に発展させられていくことが重要です。こうした関係をシリーズでは「対話的関係」と位置づけていますが、保育計画と保育実践が生成・発展的に展開する「生きた保育実践」を、「子どもの声と権利」に根ざした実践として創造する過程を、それぞれの巻では、年齢や発達課題に対応させる形でていねいに論じています。

子どもの声・要求をていねいに聴き取り、記録し、その読み取りと対応の内容を保育者同士で議論しあう……。この民主的でめんどうな過程を、保育実践創造の重要な営みとして大切にしているのです。

3 各巻の構成と、本巻（「心も体も気持ちいい」0歳児保育）の特徴

以上のような問題意識にもとづき、シリーズを通して各巻は、次の通り３部で構成されています。

第Ⅰ部は、年齢・発達段階に対応した「発達課題」と「保育実践の課題」を論じています。乳幼児を対象とする集団保育の課題は、子どもたちの年齢・発達段階に対応した「成熟発達的文脈」と、「社会文化的文脈」との接点で決定されます。年齢・発達段階に対応させながら、２つの文脈の接点をどう創りだしていけばよいか、最新の知見と具体的な事例とを交えながら論じている点に特徴があります。

第Ⅱ部は、こうした発達課題・教育課題に応える形で展開された具体的実践を集めています。その際、子どもたちが喜びと希望を紡ぎあう４種類の生活・活動に対応させる形で具体的な実践を紹介していますが、当然のことながらここに示した４種類の生活・活動は、現実には常に連関しあいながら展開されていくことになります。

また、本巻が扱う０歳児の集団保育においては、すべての生活を統合・深化させる形で展開する**〈創造的で協同的な活動〉**はまだあらわれてきません。つまり、「第１の層」と「第２の層」が生活の中心になっていくわけですが、子どもの中に10ヵ月ごろに形成される「３項関係」が、この活動の「芽」となっていく点が重要です。

第Ⅲ部は、子どもとの対話、保育者同士の対話、親との対話をくり返し、対話的関係にもとづく豊かな実践を創造していくプロセスを、保育者同士の試行錯誤の過程とともにリアルに描き出しています。「子どもとつくる」保育実践の実際を描き出した第Ⅲ部は、本シリーズの特徴を、もっともよく表現した内容として構成されています。

なお、本シリーズは神田英雄・加藤繁美の監修のもと、執筆を担当した研究者が、協力してくださった多くの実践者、研究者とともに、実践の場から学びながら、研究と議論を重ねる過程で生み出されてきました。シリーズ完成を前にして、監修者の一人である神田英雄氏が病に倒れ、還らぬ人となってしまう悲しい現実に遭遇することになりましたが、保育にかけた神田さんの熱い思いを、各巻の内容に投影することができたと思います。

本シリーズが豊かに読まれ、実践創造の糧となることを期待します。　（加藤繁美）

第Ⅰ部

0・1歳児の発達と保育の課題

第Ⅰ部では、０歳児クラスの子どもたちにひらかれる「喜びと希望の世界」という視点から、０歳から1歳の子どもの発達の特徴と、０歳児クラスの保育で大切にしたいことを述べていきます。

第Ⅰ部を書きすすめるうえで念頭においたことは、次の2点です。

ひとつは、発達の特徴を、「おおむね△ヵ月になると、……できるようになる」という、外的に目につく変化や状態像の集合として記述するのではなく、そのような姿があらわれることで、子どもの側に立ち上がる喜びとは何だろう、という観点からの記述を試みたことです。たとえば「3、４ヵ月ころに首が座る」というのは、外から見た子どもの状態をことばで言い替えたにすぎません。子ども自身にとって重要なのは、それによってこれまでにくらべ、自分の思った方向へと頭を向け、視線を送ることが容易になったこと、さらには視線を送る“土台”が安定したことで、それまで目にしていた世界のもう一歩先にあるモノやヒトに気づき、そこから喜びが得られるようになったことでしょう。このことは、目の前の子どもの姿が周囲と関係なく自然に出現するのではなく、おとなによる意図的な働きかけによってめばえた喜びを通じて実現し、豊かになっていくという事実と結びつきます。このような観点から、第Ⅰ部は客観的事実としての発達の姿を前提としつつ、それが子どもにとってもつ意味に重点をおいて描き出すことを心がけました。

もうひとつは、そのような個々の子どもの姿が、保育におけるいかなる働きかけと結びついて実現されるかという観点を論じるために、０歳児保育で大切にしたい生活および経験を考える章を設けた点です。これまでの０歳児保育の歴史が私たちに教えてくれることは、０歳児であっても、友だちと過ごす時間がその子どもの生活そして発達をより豊かにしていくという事実でしょう。０歳児はひとりで大きくなっていくのではなく、おとな、そして子ども集団の中でより豊かに育ちうることをふまえ、そのために必要な保育の条件を、みなさんとともに考えていきたいと思います。

第１章
目の前の「ヒト」「モノ」に気づくころ
２ヵ月ごろから 9、10ヵ月ごろまで

ようこそ“ヒトの世界”へ
子どももおとなも「はじめまして」

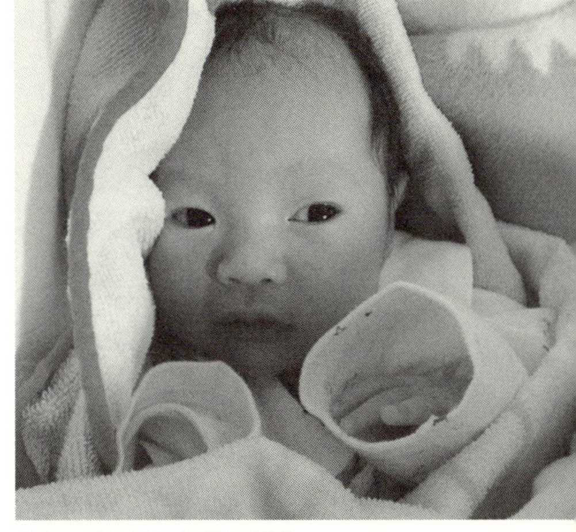
ひきこまれそうな澄んだ瞳
（０ヵ月ごろ）

episode,1 見つめ合う快感

生後57日で入園してきたハルカちゃん。１日目は「ここはどこ？」キョロキョロ……「あなたはだれ？」キョロキョロ……といった様子でした。

ところが入所３日目の朝、ちょうど生後２ヵ月になった日に、突然私と見つめ合えるようになったのです。私の目を見て「ウグー」と声を出しニコッ！　と笑ってくれます。それに応えて「ウグー、ハルカちゃん」と声をかけると、さっきよりトーンの小さい、やさしくやわらかい声で「ウクーン」と応え、再びニコッ！　と笑ってくれます。もうたまりません。それからというものの、私を見つけては「クーン」と声を出し、ニコッ！　と、まるで「笑ってよ、いしちゃん！」というように誘ってくれます。この笑顔にメロメロに癒される私。見つめられる快感にスターになった気分です。生まれてきて２ヵ月の赤ちゃんなのに、心を通い合わせる力を備えているんだと感動しました。

石垣朝子さん（愛知・犬山さくら保育園）

生まれたばかりの赤ちゃんを抱っこしてみると、小さく、かわいらしい瞳が、抱き手であるみなさんの額のあたりをぼやっと見つめる様子に気づくことでしょう。生後1ヵ月に満たない新生児の場合、おとなとはっきり視線を交わすことはそう多くありません。ところが2～3ヵ月がたつと、このエピソードのような姿に出会うことができるかもしれません。少し前まではなんだかうまく目が合わなかったはずの同じ赤ちゃんが、抱き手と視線を交わし、時にはこちらをじっと見つめてほほえんでくれます。まだ首も十分に座らないこの時期の子どもの瞳は、ずいぶんと澄んでいるように見えませんか。惹きこまれそうな瞳と笑顔から、ことばがなくても気持ちが通じ合うことを実感できる瞬間は、0歳児の保育・子育てならではの醍醐味です。

“0歳児”といえば、ぱっと思いつくのは「かわいさ」。でも一方で0歳児を保育した経験があれば、次のエピソードに共感する方も多いのではないでしょうか。

episode,2 「どうしよう？」から「会えてよかった！」へ

保育者になって2年目ではじめて0歳児クラスを担当した時、子どもの姿もあまりわからず、経験も少ない中で、4、5月に子どもにギャンギャン泣かれたときには「どうしたらいいの？」「私の何がだめだった？」ととても不安になりました。でもそこがスタート地点。それから子どもたちと一緒に過ごし、自分も経験を重ねながら（先輩保育士にたくさん教えてもらい、時には技を盗み）少しずつどっしりと受け止められるようになりました。

入園して親と別れてギャンギャン泣いていた子たちが、ちょっとずつ保育者に慣れてニコッと笑ったり、バァーと笑顔になっていくときはたまらなくうれしく、こっちまでニコッとなります。子どもたちにとって少しずつ心を許せる存在になって、それが次第に安心できる存在になれていると思えるとき、改めて0歳児クラスを担当してよかったと感じました。

あそびの中では、くすぐりあそびでやられるとくすぐったいとわかっているのに、ニターッと期待しながら子どもが寄ってくるときや、いないいないばあで「バアッ！」のときに子どもが見せる表情がとくに好きです。

堀江佳奈子さん（愛知・あいかわ保育園）

この時期に保育所に入所する子どもにとっては、保育者との出会いが家族以外で生活を支えてくれるおとなとのはじめてのかかわりであり、くわえて保育所での生活が家庭以外で長時間過ごすはじめての環境となる場合も少なくありません。はじめて出会うおとなとの、はじめての生活を、先のエピソードのように感動とともにスタートできれば理想的ですが、実際には大泣きとともにスタートせざるをえないこともある……。０歳児保育担当がはじめてであればなおのこと、乳児保育の経験豊かな保育者であっても、そんな子どもたちの姿を前にすれば、なんだかせつない気分にさせられるのも無理ないことでしょう。

しかしながら、この対照的な第一歩にみえる双方のエピソードには共通点があります。それは「キョロキョロ……」から「ニコッ！」、もしくは「ギャンギャン」から「バァー」のように、子どもの他者への向き合い方が、当初の焦点の定まらない不安から相手を志向する笑顔へと変化したこと、そしてそれがさらに保育者のうれしさを引き出したことです。

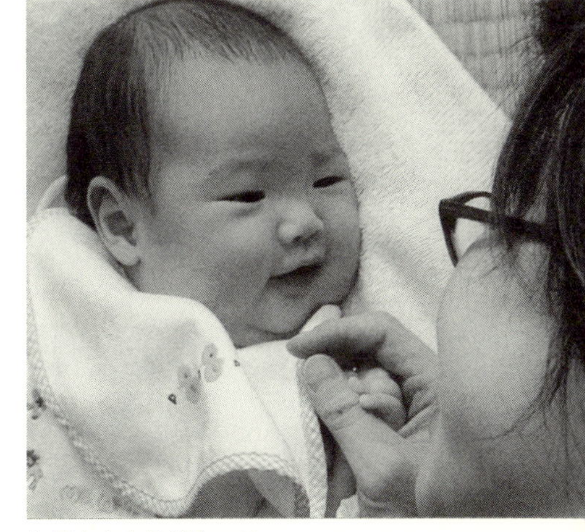
お母さんと目が合って
（１ヵ月ごろ）

外の世界をじっと見つめる澄んだまなざしの向こうに０歳児は何を見出し、何を感じ取っているのでしょうか。思いをことばにのせることはもちろん、感じたことを具体的な動作としてあらわすことすらままならない子どもに、それを直接問いかけることはむろん不可能です。一方で先の２つのエピソードからわかることは、「ニコッ！」「バアー」という笑顔が、子どもと保育者が互いの思いを通い合わせた結果としてめばえたのではないかということでしょう。

この時期の子どもは、自らのまなざしの向こうにあるものを徐々に感じ取り、周囲の世界への認識を着実に深めていきます。はじめての世界を全身で感じながら、目の前には自分と同じ何かを持つ“ヒト”がいる、さらにそこには魅力的な世界があることを認識していくプロセスにおいて鍵となるのは、子どもの感じ取ろうとしているものを読み取り、魅力的な世界をつくり出す支えとなるおとなの役割でしょう。“はじめて”のまなざしの向こうにある外界が、０歳児にとって喜びにあふれたものとして感じられるか否かは、まずは保育者や保護者をはじめとした周囲のおとなの働きかけにかかっているのです。

一方でそれは、おとなの支えによって、子どもがまわりの世界を理解することだけで達成されるかと言えばそうも言いきれません。たとえば、保育所に入所したばかりの子どもに準備される「慣らし保育」という取り組みがあります。なかでも0歳児クラスにおけるそれは、よりていねいに準備されることが多いと思いますが、それはなぜでしょうか。「慣らし保育」は一般に、子どもが新しい環境に適応することをおもな目的として設定されるのでしょう。しかし考えてみれば、それは保育者にとっても、新しい出会いに徐々に慣れるためのプロセスとなります。途中入所により“2度目の0歳児クラス”となるケースを除き、0歳児保育は、その他の年齢のように「持ち上がり」によって4月からの保育がはじまるわけではありません。そこでは子どもはもちろん、保育者もその子どもとのはじめての生活のペースを、一定の時間をかけつつ手探りでつかんでいく必要が生じるわけです。

はじめて出会った子どもとおとなが互いに同じ気持ちを交わすためには、いくぶんかの時間が必要です。それは子ども一人の力ではなく、一方で保育者だけの力でもなく、両者の共同作業の中で達成されていきます（→**第Ⅱ部57ページ〜**）。ここではまず、子どもの側に喜びとあこがれが感じられる時には、同時に私たちおとなの側にもそれが感じられるはずだと確認したうえで、この時期の発達の世界にさらに迫っていきましょう。

動けることが“次”の世界を広げる

0歳児における変化として、とくに目につくものの一つは運動面でしょう。生まれたばかりの子どもには、目的なく手足を不規則に動かし続ける姿（ジェネラルムーブメント）が見られます。この動きはやがて消失しますが、とはいえその後すぐに「示されたおもちゃに顔を向け手を伸ばす」ような行動（目的に向けた協応動作）が達成されるわけではありません。体全体のコントロールは、およそ1年の時間を経て徐々に成立していくと考えられます。

自分で思い通り体を動かせるとは、たとえばおもちゃなど、何か外界に欲しいモノを感じたとき、そこへ自力で向かっていけるということです。それによって子どもは、同じ状況を前にしても、これまでのようにおとなによる全面的な手助けを必要としなくなります。そして自力でそれを手に入れた子どもは、その向こうに、さらにもう一つ魅力的なモノを発見することでしょう。つまり「○○が欲しい！」という思いが具体的な動作として実現することは、周囲のおとなとの関係を変化させるのはもちろん、「次」を意識するという新たな認識のめばえへとつながります。それは単に「ある動作ができるようになった」という身体的な成長以上の可能性を子どもにもたらすわけです。

このことを考えると、運動面の節目となる、寝返りによって体全体の姿勢や位置を自力で変えることのできる時期（おおむね６、７ヵ月ごろ）は、認識面をはじめとするその他の発達の側面においても大きな意味をもちます。よってここではその前後に分けて、発達の様相をさらにくわしく整理してみます。

おもちゃみーつけた
（３ヵ月ごろ）

1 目と手が動きはじめるころ
６、７ヵ月ごろまで

生後２ヵ月ごろまでの身体運動は「原始反射」とよばれるメカニズムによって制約されています。２ヵ月ごろの子どもを仰向けに寝かせ、吊りおもちゃを示してみましょう。子どもの目はおもちゃに向かい、気持ちはそこへ惹きつけられているように見えますが、手ではなかなかそれを思うようにさわることはできません。つまりこのころは、自分のまわりの世界を感じつつある一方で、そこにうまく体を志向させていくことができない状態にあるのだと考えられます。

私たちが痛みや熱さを感じた際に思わず飛び上がるように、反射とはヒトが生まれながらにもっている、自分の意志と直接関係なく生じる体の動きです。目の前にある魅力的なものに手を伸ばしたいが、うまくいかない……心惹かれるものがすぐそばにあるにもかかわらず、そこに体を向けられない状態におかれれば、私たちおとなでもそこに歯がゆさをおぼえるにちがいありません。２ヵ月ごろは、「ぐずる」などの理由のわからない泣きがめばえる時期だと言われます。それは一見ネガティブな現象のように思われるかもしれません。しかし一方で、体がうまく動かないにもかかわらず外界で何が起きているかをはっきりと感じはじめたからこそ、この時期に「ぐずることができる」ようになったとは考えられないでしょうか。

ヒトの発達過程においてマイナスに思えることが出現する段階は、子どもに新しい力がめばえはじめたがゆえに、子どもが周囲との関係を再構築し、次の段階へと向かおうとしているきざしとして理解できます[1 2 3]。たとえば子どもたちが大泣きをしていた先述のエピソード（→14ページ）も、これまでとは異なる何かを感じられたという意味で、認識の世界が一歩先にすすみつつあることの証しといえるかもしれません。ヒトの発達とは、このような現象を何度もくり返しながら外界との関係を磨き上げていく過程としてとらえることができます。

動かせた喜びは動きたい意欲へ

さて、気持ちはあるもののそこに体が向けられない状態に私たちが置かれた、として再び考えてみましょう。自分ではどうにもならないとき、その状態を理解して体を支えてくれたり、目に入りやすい位置に移動してくれたりする相手がいるならば、手の届かないはずだった外界が一挙に身近な存在になると思いませんか。そこで感じられる喜びは、次は自分でなんとか少しでも体を向けてみよう、魅力的な存在に手を伸ばしてみようというエネルギーになるかもしれません。その結果、少しでも体が自力で動くようになれば、喜びはますます大きくなり、「もっと動いてみよう」というさらなる活動の積極性へとつながるだろうと思います。

首が座りつつあるころの子どもは、ヒトと会えることの喜びを体全体であらわしてくれます。「おはしゃぎ反応」とよばれるこの姿は、２ヵ月ごろに体の動きを制約していた「原始反射」から解放された喜びのあらわれとして理解できます。感じはじめた外界へ、気持ちと体を向けていく第一歩として、まずは向きたい方向へ顔を動かすことができた喜びが、この姿となるのではないでしょうか。

首が座るとは、運動面における自由の第一歩を獲得したことにくわえ、目の位置が安定したという意味で、視覚の安定性と自由を獲得したことでもあります。外界に働きかける際、当然のことながら視覚はその大きな鍵を握る能力です。安定して自由に首を動かせるようになった４ヵ月ごろの子どもは、吊りおもちゃやモビールなど、身近にある魅力的なものに腕を伸ばそうとしはじめるでしょう。首は主として横方向に動くことを考えると、手を伸ばしはじめた子どもは、横にくわえて縦方向の自由へも挑戦しはじめていると考えられます。この時期には、仰向けの姿勢で徐々に足が上がるようになり、足をつかんだり、口に入れてみたりする姿も見られるかもしれません。この足腰の力もまた、縦方向の自由への挑戦を下支えし、支え座りなどの新たな姿勢の獲得を可能にしていきます。

頭を持ち上げ、ながめてみると……
（７～８ヵ月ごろ）

小さな一歩がてのひらに

身近にある魅力的なものに手を伸ばしはじめたとはいえ、手を伸ばした結果おもちゃを余計に遠くに突き飛ばしてしまう、自身の姿勢が思わぬ方向に変わってしまうなどの姿も４ヵ月ごろの時期にはよく見られます。子どもにとって「つかむ」ことは実際には容易ではないのです。しかしその姿をさらによく観察してみると、次の新たな一歩につながるきざしを見出すことはできないでしょうか。

この時期の子どもにガラガラなどの魅力的なおもちゃを示してみると、てのひらに小さな変化があらわれることがあります。それはおもちゃをてのひらのそばに持っていくと、指をそっと広げる姿です。それまでは見られなかったはずのこの様子からは、実際には示されたモノをつかめていなくとも、次なる一歩を踏み出しはじめた姿を感じることができます。続いてそのおもちゃを握るのを手助けしたうえで、もう一つ別の魅力的なおもちゃを示すとどうなるでしょうか。子どもは先のおもちゃを手にしたまま、まるでおもちゃとおもちゃをぶつけるようにもう一つへもまっすぐ手を伸ばすかもしれません。ここからわかるのは、「つかもうとする」活動からは、「つかむ」力が単に獲得されることにとどまらず、次の魅力的な世界に向かっていくエネルギーがめばえるのではないかということです。その後５ヵ月ごろになると、たとえばビデオを撮影するおとなに向けて笑いかける、まわりのよく知ったおとなや子どもに向けて声をあげるなど、これまでおとなに顔を見せられて笑っていた子どもが、逆に自らおとなに向けて笑いかける姿を目にするかもしれません。この姿は、次の魅力的な世界に向かう力を実際に手に入れたうれしさのあらわれとして理解できるように思います。

子どもが自身と外界との関係を整えていくプロセスには、この時期はとくに身体面の自由の獲得が深く関連します。ただしそれは子ども自身の身体発達の結果に単に依存するのではなく、周囲のおとなの働きかけによってはじめて引き出されるものです。とくに、仰向けからうつぶせ、支え座りという姿勢の転換に必ずおとなの手助けが必要であるという事実は、このことを端的に示しているといえるでしょう。またこのころは運動面はもちろん、「昼は覚醒－夜は睡眠」というヒト社会における生活リズムを徐々に整えていく時期でもあります。このような観点からも、発達とは「しぜんにできるようになった」ものではなく、おとなの側の意図的な働きかけを支えとしてはじめて達成されるものだとわかります。

ともに心地よくなる働きかけこそヒトらしさの源

一般に０歳前半は「一人ひとりのペースに合わせ、ゆったりとかかわることが大切」といわれます。このときの保育者は、それぞれの子どもの思いを汲みとり、そのペースに合わせると同時に、子どもの思いを引き出す役割を担うことになるでしょう。別の言い方をすれば、体全体を使って外界との関係を調整し、認識を広げていく子どもの発達過程は保育者によって支えられるということです。ここからは、０歳前半に保育者が授乳・睡眠といった場面で子どもを支えるだけでなく、子どもの前でゆったりと笑顔を見せて遊び相手となることに大切な意味があることがわかります。子どものもっとも身近にいるおとなとして、心地よさを引き起こしてくれる／よく知っている・安心できる存在に保育者がなるために、そのような働きかけが欠かせないものであると理解できます。

日常生活において、おとなが子どもの顔を見る、また自分の顔を見せようとする、おとな－子ども間で見つめ合うなどの行動が子どもの誕生直後から頻繁にみられるのは、ヒトに特有の現象であることが知られています。同種の育児行動はチンパンジーなどヒト以外の霊長類にはめったに見られない一方で、ヒトにおいては文化圏を問わず、多種多様な育児スタイルの間で共通にみられる行動です[4]。生まれつき運動能力が高いヒト以外の霊長類の場合、母親はおもに触覚に頼り子どもの状態を確認します。これに対し、ヒトにおいては視覚が養育者－子ども間を結びつけます。ゆったりと笑顔で働きかけ、子どもの笑顔を引き出し、互いに見つめ合うことが、両者の間に喜びやうれしさなどの情動を共有する過程をめばえさせる基盤となるわけです。つまりこの時期に保育者が子どもの喜びを積極的に引き出す役割を果たし、さらには自身も喜びや楽しさを感じられるような豊かな働きかけを工夫することは、子どもがヒトならではの力を獲得していくために不可欠だといえるでしょう。

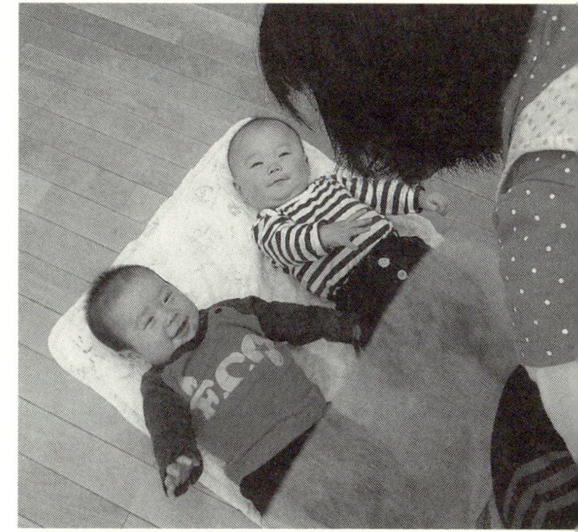

上から下から“大風こい！”
（６～８ヵ月ごろ）

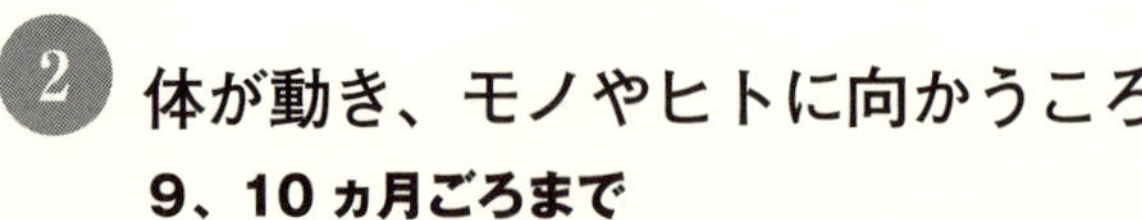

② 体が動き、モノやヒトに向かうころ
9、10ヵ月ごろまで

episode,3 ずりばいで「いないいない……」

７ヵ月のレンちゃんがずりばいができはじめて少したったころ、保育園でずりばいの活動をたくさんしていきたいと思い、ホールで１対１で遊びました。試しに保育者が柱に隠れて「レンちゃん、いない、いない……バア!!」と顔を出すとレンちゃんは大喜び。再び「いない、いない……」と隠れると……一生懸命笑顔でずりばいをして探しに来てくれました。すぐそばまで来てくれた時は本当にうれしかったです。

石川英子さん（愛知・天使みつばち保育園）

目の前の相手にほほえみかけ、時には声をあげてみるなどして、魅力的な世界に自ら働きかける力を獲得した子どもは、次にそのエネルギーを体全体へと拡張させていきます。寝返りができるとは、子どもにとって単に姿勢が変化したことにとどまりません。それは、おとなを介してしか変えられなかったこれまでの位置から解放され、魅力的な外界に自ら近づく可能性を手に入れたということです。仰向け姿勢にくらべ、うつぶせ姿勢で頭を上げれば、子どもの視界は一挙に遠くまで広がります。もう一歩先の魅力的なものを手に入れるためには、移動しやすく、より遠くのモノが目に入る姿勢を取るほうが有利です。その結果、この時期の子どもの生活においては、それまでにくらべうつぶせ姿勢や座位（お座り）で過ごす時間が長くなるでしょう。視界に入る魅力的な世界に少しでも近づきたい思いがあるからか、このころを境に寝返りの動作はより洗練されていきます。さらには、旋回・ハイハイという水平方向への、またお座り・つかまり立ちという垂直方向への「移動」の獲得に向けてエネルギーが注がれていきます。

外界にある魅力的なものへ体を近づける力を手に入れた子どもの様子は、「もう一歩先へ・もう一つ欲しい」思いをふくらませている、とたとえられるでしょう。エピソードの子どもたちのように、目の前に顔を出してくれる保育者はもちろん、保育室で子どもの目の高さに準備されたおもちゃ、柵や棚の向こうに隠れているモノ、目の前で過ごしている友だちの姿などは、「もう一歩先へ・もう一つ欲しい」という外界に向けた思いを“移動”の力として形にするうえで欠かせない役割を果たします。このことはまた、まだスムーズに体の移動ができない子どもに対し、うつぶせや支座位（支え座り）を積極的にとらせることで視線の先に魅力的な対象を準備するなどの、外界への意欲を高める援助が大切であることを示しています。

“ひとみしり”に隠された思い

ところで、魅力的な対象へ向けて体を動かす力が徐々に安定してきた７、８ヵ月ごろにとくに目立つのは、手を伸ばし握ったモノを、まるで五感で味わおうとするかのように、手と口を可能なかぎり使っていじくり、なめまわす姿でしょう。移動できる範囲が広がったということは、おとなによって準備されたモノとのあそびを楽しんでいたこれまでと異なり、おとなの予想をこえて、見たこともないモノとの出会いの可能性を子ども自身が手にしたということです。このことからは、この時期に頻繁に見られる“いじったりなめたりする姿”は、子どもが自ら新たな対象の特徴をつかもうとしている過程の証しではないかと考えることができます。その過程をたどった結果、認識は「既知」「未知」という２つに整理されます。これまで一緒くたにされていた外界のモノには、じつは２種類あるということがこの時期に知られていくわけです。

しっかりお座り、目と口と手で感じる（９ヵ月ごろ）

この認識の深まりは、子どもにこれまでに経験したことのない感情をめばえさせます。それは、よく知っているものやヒトに対しては安心感をおぼえる一方で、知らないモノや相手に対して不安を感じるという現象です。とくにヒト相手の場合、モノとは異なり、「それが何か」をいつものようになめたりいじったりして確認することはもちろんできません。８ヵ月前後によりはっきりと観察されるこの現象はいわゆる「ひとみしり」とよばれるものですが、それは認識の世界が一歩前にすすみ、自分ひとりの力で外界と向き合った結果としてあらわれる姿だと理解できます。

ひとみしりがはじまる時期は、食事においてもちょうど本格的な離乳食が開始されるころと重なります。０歳児の生活において、食事とはある意味で、あそび以上に五感をフルに用いる活動です。知らないモノに不安を感じはじめるこの時期、保育園で「はじめての食事」が開始されると、スムーズにそこに入っていける子どもがいる一方で、なかなかそうはいかない子どもも目立つことでしょう。では、食事やあそびをはじめとした生活の場面で不安定さを示すこの時期の子どもは、いかにしてそれを乗り越えていくのでしょうか。このヒントは、不安を前にした子どもの姿そのものに隠されているように思います。

はじめての相手やモノを前に不安そうな表情を見せて拒否したり、泣いてしまったりする子どもは、一見その場から逃げ出そうとしているようにみえます。ところがよく観察してみると、不安を感じているはずの対象をじっと見つめている姿を見出すことができないでしょうか。たとえばひとみしりで大泣きする子どもが、安心できるおとなの膝に抱かれたとたんに、目の前の知らない相手をじっと見つめていることがあったりします。この行動は、大好きなおとなの助けを借りながら、モノや相手のさらに向こうにある魅力的な何かを見つけようという姿にも見えます。この姿は、わかりはじめた外界に対し、これまでとは異なる構えで向き合おうとしつつある証しとして解釈できるのではないでしょうか（→第Ⅱ部81ページ〜）。

ひとみしりの時期までの子どもは、いわば自分だけの力で目の前のモノ、もしくは相手と向き合ってきました。つまり〈子ども－モノ〉もしくは〈子ども－相手〉という２項関係の認識の世界の中で、知らない何かを前にしてもだれにも頼れずに不安な気持ちにならざるをえなかったわけです。ところがそれがさらに深化すると、モノの向こうに相手が見える、もしくは相手の持っているモノが見えるようになっていきます。このとき、子どもはそれまでとは根本的に異なる、外界と向き合う新たな枠組みを獲得したといえるでしょう。

モノの向こうに相手が見える・相手の向こうにモノが見える

３項関係

８ヵ月までの世界を土台に、一般に９、10ヵ月ごろにめばえるとされるこのような枠組みは「３項関係」とよばれます。「３項」を具体的にいえば、それは〈子ども－モノ－相手〉の３つです。３項関係が成立するとは、ひとみしりの時期までのように、モノに向き合うときはそれに夢中、一方で相手に向き合うときはモノが見えないという状態ではなく、モノの向こうに相手が見え、相手の向こうにモノが見えるように、同時に２つのものに注意を向けられることをさします。別の言い方をすれば、子どもとその相手であるおとなとが、互いに注意を共有できるようになった（共同注意）ということです。その結果、子どもは知らない何かを前にしても、これまでのように一人で不安な気持ちになる必要がなくなります。それがなんであるかは、モノの向こうにいるおとなの表情を見て確認すればよいわけです。つまり、３項関係が成り立つとは、子どもとおとなとが、目の前にあるモノをはさんで思いを伝え合う関係になれたことを意味しています。

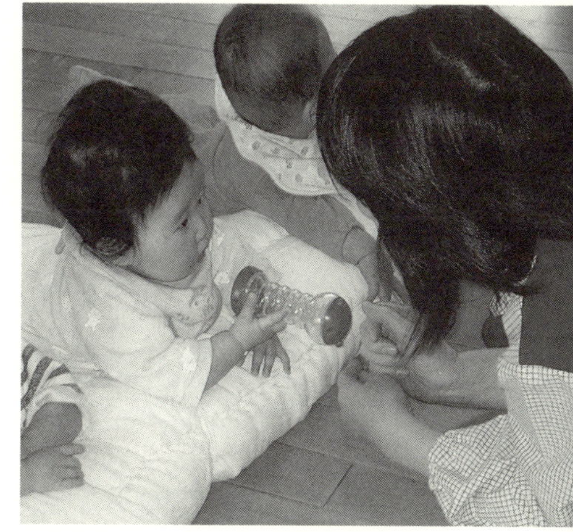
おもちゃの向こうと「こんにちは」（８ヵ月ごろ）

「３項関係」という具体的に思いを通い合わせる関係が成立したとき、外界とのかかわり方は、それまでとはまったく異なる形に構造化されます。このことのくわしい中身は、第２章で改めて述べたいと思います。

友だちとの響き合いが気持ちを耕す

これまで「９、10ヵ月までの時期に大切な発達の側面」について、おとな（保育者）との関係におもにふれつつまとめてきました。では、この時期の子どもにとって、子ども同士の生活からは何が生まれ、それにはどのような意味があるのでしょうか。

すでに述べたように、「心地よさを引き起こしてくれる相手」から「よく知っていて安心できる相手」としておとな（保育者）を徐々に理解していくこの時期は、まだまわりの子どものことを「友だち」として明確に意識しているわけではないと考えられます。その一方で、保育所において他の子どもとともに過ごすことで、家庭での生活とは異なる何かがめばえることも確かです。このことを考えるために、まずは次のエピソードをみてみましょう。

episode,4 バラバラだけどみんな楽しい！

ある晴れた春の日の保育園でのできごとです。

５ヵ月のタエちゃん、６ヵ月のサッちゃん、７ヵ月のアリサちゃんが、保育園のテラスに出て、３人仰向けに並び、布を使った「大風こい」のあそびを楽しんでいました。そこに、子どもたちの頭の方から飛んできたシャボン玉……サッちゃんがそれに気づき、ぐっと頭を後ろへ向けます。しばらくたつとタエちゃんも気づいて、シャボン玉が飛んでくる方向へと顔を向けました。保育者がせっかくだからと３人ともうつぶせにして、シャボン玉が飛んでくる方向へと向きを変えてあげると子どもたちは大喜び。両腕でぐっと頭を持ち上げて、ジーッとシャボン玉を見つめていました。シャボン玉を見るタエちゃん、シャボン玉を吹く保育者を見るアリサちゃん、そしてシャボン玉の行方を追うサッちゃん……と、三者三様のほほえましい姿が、シャボン玉を吹く私からよく見え、思わず「かわいい！」と声をかけたのでした。

石川英子さん（愛知・天使みつばち保育園）

保育所で生活するとは、自身と年齢・月齢の近い仲間がすぐそばにいる環境で生活できるということです。そして年齢・月齢が近いとは、魅力や心地よさを感じるあそびや対象物がよく似ているということです。この時期は子ども同士でことばを介したやりとりがあったり、お互いを意識してあそびを楽しんだりするわけではもちろんありません。しかしこのエピソードにあるように、行動はバラバラに見える一方で、互いの気持ちが響き合う姿を目にすることは多いでしょう。このエピソードの中で、子ども同士の楽しさをつなげているのは「大風こい」という保育者が提示したあそびです。子どもの思いを適切に読み取り、一緒に喜べる場をつくり出す保育者の積極的な援助によって、子どもは徐々に自分と同じ気持ちで喜びが響き合う友だちの存在に気づいていくことがわかります。

「バラバラだけどみんな楽しい！」先のエピソードのような場面を経て、この時期は同じ気持ちで響き合える相手として他の子どもを徐々に意識していくのでしょう。このことにくわえ、子どもたちが集団で生活する中からは、０歳児にとってもう一つの大切な力が育つように思います。次のエピソードをみてみましょう。

episode,5 とられちゃったよ……

６ヵ月のタカちゃんと、７ヵ月のアマネちゃんの男の子２人が向き合って腹ばいになり、一つの握りおもちゃをさわっていました。７ヵ月のアマネちゃんがすっとおもちゃを手に持ちなめはじめると、「アッ」という顔になったタカちゃん。顔を上げ保育者と目が合うと、とたんに「ウァーン！」と泣き出しました。“とられちゃったよ……”と泣いて訴える姿がとてもかわいく、担当の保育者２人で思わず笑ってしまいました。

石原愛子さん（愛知・天使みつばち保育園）

わたしもほしい、あなたもほしい（８ヵ月ごろ）

仰向けにくらべてうつぶせや座位（お座り）の有利な点は“視界が広がる”ということです。視線を高い位置にとれることで、外界にある魅力的なおもちゃなどがより目に入りやすくなります。保育所という子ども同士が生活する場においては、このとき、自分と同じような姿で同じようなことをしている存在（＝他児）が必然的に視界に入ることになります。「とられちゃったよ……」のような場面は、魅力を感じるあそびや対象が似ている２人がそろい、お互いに向かい合える保育の場だからこそ起こりうるといえるでしょう。

このエピソードからは、自分で手にしたはずのものが目の前からなくなって残念な思いをしているタカちゃんの様子が伝わってきます。一般的な見方をすれば、せっかく遊んでいたおもちゃを取られてしまう状況は

「かわいそう」かもしれません。しかし視点を変えてみると、タカちゃんが感じている「残念な思い」は、月齢の近い子ども同士が互いに生活するからこそ経験できるのだと考えられないでしょうか。子どもに合わせることのできるおとなや、興味の対象が異なる年長児との間では、どちらかといえばそういった経験ができる状況は起こりにくいように思います。

感情について大まかに整理すると、「楽しい」「うれしい」などの「快」の系統と、「残念」「くやしい」などの「不快」の系統に分けられます。このうち前者については、保育者をはじめとしたおとなの支えがあってより豊かにそれが経験されていくことはこれまでに述べた通りです。これに対し、子育てや保育がそもそも子どもにとって「よい」状態を追求するものであることを考えると、後者のような「不快」な状況を意図的に設定し経験させることは実際にはそう簡単ではないと思われます。しかしながら「豊かな感情」とは、「うれしい」「よかった」はもちろん、それにくわえて「残念」なども含めたさまざまな思いを経験できる具体的な場があってこそ、はじめて醸成されていくものではないでしょうか。

ここからわかることは、この時期に他児との集団での生活を送ることが、うれしさなどの快の感情を共有するだけでなく、おとなとのやりとりのみではなかなか生じにくい感情を経験できる可能性を引き出すのではないかということです。自分と同じような他者との生活の中では、自身や周囲のおとなたちがそれを望む・望まないにかかわらず、必然的に快・不快双方の感情を経験し、互いに気持ちを響き合わせつつそれを耕さざるをえません。そのような経験をもとに、この時期の子どもは少しずつ家庭と違った新たな行動パターンを身につけ、生活のレパートリーを広げていくのでしょう。まだ、直接ことばを交わしたりしないこの時期であっても、子ども同士の生活が保障されることで、9、10ヵ月以降に相手と思いを豊かに共有し合う基礎がつくられていくのです。

第２章 おとなとともに「魅力あふれる世界」をふくらませるころ

9、10ヵ月ごろから 1歳半ごろまで

「赤ちゃん」から「子ども」へ

これなあに？　お豆かな？
（1歳4ヵ月ごろ）

「３項関係」の成立する９、10ヵ月ごろを境として、外界と向き合う方法は大きく変わります。「モノを見る」「おとなを見る」という、これまでは別々だった行為を同時にできるようになった結果、子どもはモノと対面する際にはその向こう側にいるだれかを意識し、逆におとなと対面する際にはその指し示す何かに期待するようになるでしょう。保育者にとっても、互いの様子を探り合いつつコミュニケーションを成立させてきたこれまでとは明らかに異なる姿が感じられることが多いのではないでしょうか。それは具体的にどういったものか、まずは「０歳児クラスの担当でよかった」と保育者が実感したというエピソードのうち、この時期のものを中心に整理してみましょう。

episode,6　“子どもから”のやりとりがみられる１歳前後

① 保育者の「いないいないばあ」の声に合わせて、コトちゃん（11ヵ月）が自分の手で顔を隠して「いないいないばあ」をしたとき。

② エリちゃん（11ヵ月）・カナちゃん（１歳）・マユちゃん（１歳１ヵ月）が、

名前を呼ぶと満面の笑みを浮かべて這ってきてくれたとき。

石原まなみさん・山口紗智子さん（愛知・くさの実保育園）

朝、クラスに入ると、１歳のホミちゃんがハイハイで近くに来てくれて笑顔で迎えてくれる。４月のころには私にひとみしりをしていたはずなのに、６月の今では私を追いかけてきてくれること。

あいち保育と子育てのつどいエピソードシート[5]

３項関係が成立するとは、表面的には「モノに対する力」と「ヒトに対する力」が結合し、それが同時に発揮できることを指しますが、重要なのはその結果として何が可能になるのかという視点です。すでに述べたように、それは子どもとおとなとが、目の前のあるモノをはさんで思いを伝え合える関係になったことを意味します。示されたモノの向こうにいる相手をふり返るようになった子どもは、先のエピソードに述べられているように、働きかけに対し積極的に応えたり、時には子どもが、おとなとのやりとりやあそびの主導権をとったりする姿を見せはじめるでしょう。この時期以降に一挙にさかんになる指さしは、子どもが主導するやりとりのはじまりとして理解できます。３項関係の成立によって、外界にある「魅力的なモノ」の存在をおとなから一方的に教えられるだけではなく、それを自ら相手へと教えるようになるわけです。

おとなからみて、やりとりの質が変わり、その双方向性が明確な形で実感できるこの時期は、それまで「赤ちゃん」とよぶにふさわしかった目の前の子どもに、おとなとは異なる一つの人格を持った「子ども」としての意思や主体性を読み取ることのできる時期でもあります[6]。もう、おとなに支えられるだけの「赤ちゃん」ではなく、私たちとは異なる思いを持った「子ども」なんだ、と実感される姿は具体的にどのようにあらわれ、私たちはそれといかに向き合い、支えることができるのでしょうか。

おとなを手こずらせるのは「主人公」の証し

一つの人格を持った「子ども」としての存在を実感できるのは、必ずしも“楽しい”場面にかぎりません。ときにはそれがおとなにとってむずかしさを感じる形で表にあらわれることもあるようです。次に紹介するのは、ある家庭における親子の食事場面でのエピソードです。

episode,7 ジブンで食べるよ！

この時期、ジンくん（1歳1ヵ月）は夕食になるとたびたび不機嫌になるということであった。この日も同じように母親は手こずっていた。母親がスパゲティを差し出すと、ジンくんがことごとく拒否してぐずるので、母親は「じゃあ自分で食べれば！」と突き放した。すると、ジンくんはケロっとして黙々と自分で食べはじめた。しばらくして、ジンくんが自分で食べる合間をぬって、母親がスパゲティを食べさせようとする。はじめジンくんは拒否したり、足をばたつかせて不満を示したりしたが、母親の執拗な差し出しに屈してか、口を開けた。しかし、ジンくんはそれをいったん受け容れたあと、これ見よがしに嫌な顔をして吐き出した。母親は「なんでー、おんなじものよー、ちょっとー」と顔をしかめ、再度差し出す。ジンくんはそれを受け容れるが、また吐き出す。これを数回くり返すと、さすがの母親も参って、以降あまり介入しなくなった。

川田学さんたちの観察資料[7]より一部改

ジブンで食べたいよ！
（1歳3ヵ月ごろ）

川田さんたちの研究では、家庭での食事場面の観察のあと、母親に向けて「今のお子さんとの食事を一言であらわすとどのような感じですか」という質問がされています。その結果、離乳食初期には「楽しい」「おもしろい」「遊び」「練習」などと食事を表現していた同じ母親たちは、1歳前後の時期になるとそれを「闘い」「苦しい」「忍耐」「好きにして」「我慢しなければならない戦争」などと語ったことが報告されています。

さて、一つの人格を持った「子ども」を感じるとは、自分とは異なる意思や主体性をそこに見出せるということでしょう。この「意思」や「主体性」とは、どの人に対してもまんべんなく発揮されるわけではなく、保護者や担当の保育者など、まずは一番身近なおとなである養育者に対して発揮されます。毎日くり返され、一定の手順が決まっており、おとな－子どもが正面から向き合う食事場面はとくに、おとなにとってみれば、子どもが自分とは異なる存在であることを強烈に意識せざるをえない場面かもしれません。しかし、一見しんどさが感じられるこのような場面こそ、「意思」や「主体性」を持つ一つの人格を持った「子ども」という存在が成り立ちはじめた証しとしてとらえることができるでしょう。子ども－おとなの「対立」も含め、自らの意思や主体性を発揮し、おとなとの間で主導権をとり、生活の「主人公」[8]になる姿のめばえは、それまでには見られない、この時期ならではの大切な発達の側面です。

「主人公」として自ら歩み出したこの時期は、食事にかぎらず、相手もしくは対象へ力強く向かっていく姿が実際に数多くの場面であらわれます。次にあげるのは、その特徴を典型的にあらわすエピソードです。

episode,8　のぼったのはいいけれど……

２段の階段をのぼったのはいいけれど、どうやって降りようか悩むチヨリちゃん。悩んでは保育者の顔を見て助けを目で訴えていたが、どうやって降りるか気になったので見ていることにした。座っていた姿勢からよつんばいになり、頭から降りようとするがこわくて降りるのをやめ、保育者の顔を見る。またがんばって自分で降りようとするが、頭から降りようとし手を１段目に伸ばすがこわくてやめて泣きそうになり助けを求めてきた。がんばって降りようとしたけれど無理だった姿がかわいいと思いました。

園田秋奈さん（愛知・こぐま保育園）

活動の主導権をとり、魅力的な世界を一直線に目指すこの時期のエネルギーは、さまざまな場面で発揮されはじめます。歩行の開始を代表とする身体発達の顕著な伸びもその姿を下支えするといえるでしょう。しかし一方で、自分がこれからどのような魅力的な世界に向かおうとしているのか、そのためにどのように行動するかを、自身の頭の中だけで明確に思い描くことはまだむずかしいようです。エピソードにあるのは、魅力的な階段を見つけてのぼったまではよかったものの、その後どうしたらよいのかわからなくなってしまった様子です。「降りる」という目標を思い描き、そのために体の向きを後ろに変えたり、座ったまま足を前に出したりと、目の前の目標に対し工夫できるのはもう少し先の話です。「主人公」としての自分を発揮しながらも、それを自らの手で具体的に実現するだけの力の発達はこれからなのでしょう。

おとなの支えがあってこその「主人公」

では、子どもが活動の主導権をとり、「主人公」としての自分を存分に発揮することを保障するために、私たちおとなにはどのような働きかけが求められるのでしょうか。次のエピソードには、そのためのヒントが隠されているように思います。

episode,9 思いを汲みとることばが響く

ねえ、一緒にあそぼう！
（９ヵ月～１歳２ヵ月ごろ）

１歳３ヵ月のソウゴくん。歩けるようになってうれしくてしかたがないようでしたが、そのころから友だちのおもちゃを表情なく取りにいく姿、泣いて嫌がる友だちが目に入らず、モノのように友だちにつかまって立ち上がる姿などが出てきました。たとえばソウゴくんが積み木をカゴへ片づけようとするとき、体の固さもあってかうまくカゴへは入れられず、友だちに積み木があたる場面がありました。それに対しては、ソウゴくんが積み木を投げたように見えたこともあり「投げないでね」と声かけをしてきました。が、このように「〇〇しないでね」「ここに××ちゃんいるよ」と声かけをしても、なかなか視線は合わず、どこか違うところに気持ちが向かっているようでした。

そんなときちょうどビデオで実際のソウゴくんの姿を見ながらの園内保育検討会があり、一つひとつの行動について、今何がしたかったのか、何をしようとしていたのか探りながら、ソウゴくんの心の中にある願いをわかろう、ソウゴくんに届く声を見つけていこうと見方を変えて話し合ったことで働きかけを変えることができました。たとえば、ソウゴくんが友だちの持っているおもちゃを歩いて取りに行くが、急に止まれないのかその

まま友だちにぶつかり、覆いかぶさってしまった場面では、おもちゃが欲しかったのかな、でも止まれなかったのかな、と考え、「おもちゃが欲しかったの？」と声をかけ、こちらを見たところで「そうか、欲しかったの。××ちゃん使っていたからこっちのは？」と聞いてみました。

このような働きかけをくり返していくうちに、保育者の声かけがソウゴくんの心に響いたのか、声かけをしても視線がどこか違うところへいってしまう姿は見られなくなり、声をかけるとこちらを見るようになってきました。あそびの中ではますます表情がよくなってきて、保育者に対して次は何をしてくれるんだろう、と期待して見ていることも増えてきました。また、友だちにも興味が出てきて、ユキちゃんやヒトちゃんと一緒に追いかけ合いをして大喜びしたり、友だちにつかまって立つこともなくなってきて、友だちをよけて歩けるようにもなってきました。

青木美月さん・村田亜希さん（愛知・第一そだち保育園）

ソウゴくんと向き合った保育者は、同じことばがけをていねいにくり返すことにとどまらず、心の中にある願いや思いをとらえようと試み、それに沿って働きかけを実際に変更しています。その結果として、声かけが子どもの心に響いたことが実感できたようです。ここでなされたのは、おとなの思いや願いを直接伝える働きかけというより、子どもの思いを汲みとり、まだ曖昧な状態であるそれをよりはっきりさせていく働きかけです。子どもにしてみれば、自分でもまだ曖昧であったり、どのように実現すればよいかわからなかった「○○したい」思いが、保育者の的確な支えによってはじめて具体化できたということかもしれません。

魅力的な対象にまっすぐ向かっていくこの時期、「○○しないでね」などのことばにこめられた意味を理解し、自らの行動を変えていくのはまだむずかしいでしょう。このことをふまえると、この時期の子どもを支えるおとなに求められる役割とは、子どもに指示をしたり、おとなの意図を伝えたりするよりも、確立しつつある子ども本人の意図をはっきりさせていくことだと考えられます。曖昧に揺れ動く子どもの思いを具体化する手助けこそが、子どもの心に響く働きかけとなるのではないかと思われます。

この時期は実際に、他の子どもの様子にあこがれて新しいことに挑戦してみるというより、どちらかといえばおとなの様子にあこがれてやってみようとするほうが多いように思います。おとなは相手に合わせ、よりわかりやすく行動を示すことができます。「主人公」として歩みはじめたこの時期、子どもは何をどのようにしたいのかを行動に先だって明確にイメージできるわけではありません。子どもの興味を引き出す、魅力あふれる世界をいかに提示できるかが、おとなに求められているのでしょう。

では、子どもの興味を引き出し、楽しさを具体化する手助けとしての保育者の役割とは何を指すのかについてもう少していねいに考えてみたいと思います。そんな保育者の様子がはっきりとあらわれている次のエピソードをみてみましょう。

episode,10 「なったね！」よりも「キュッ！」

１歳１ヵ月のユウちゃんが、屋根にボタンのついている車を見つけ押してみたところ「キュッ！」と音が鳴ったことにハッとした姿を見せた日のことです。ユウちゃんがうれしそうに私の顔を見たとき、「なったねー！　あ～！」と言ってみたものの、こんな言い方でユウちゃんに伝わっているのか不安で、考えた結果、今度はユウちゃんがボタンを押すたびに「キュッ！」と言ってみました（音なら意味もないし伝わるかな……と思い）。

楽しそう！　ぼくにもやって！
（10ヵ月～11ヵ月ごろ）

すると、ユウちゃんは音を鳴らしたあと、必ず私が「キュッ！」と言うのに気づき、そのたびに私の顔を見てにっこり。部屋の中をぐるぐるまわるユウちゃんと何度もそのやりとりを楽しみました。結構いろいろなものに興味いっぱいのユウちゃんは、よく動いて少し遊んだらすぐどこかへいっちゃうことが多かったのに、この時は何度もやりとりできて、思いが共感できたからかな？　とうれしく思いました。

榊原佳奈さん（愛知・たんぽぽ保育園）

３項関係の成立とは、行動のあとでおとなをふり返ることが可能になるということです。ふり返ってみたときおとなが笑顔で応じることで、子どもはその行動をもう一度やってみようと思うかもしれません。逆に困った顔で応じたり、無表情だったりすれば、やってみようとはもはや思わないでしょう。つまり３項関係が成立するとは、ある行動をおとなの支えの中で「くり返す」ための前提条件ができたと考えることができます。

このエピソードの中で、「なったね！」よりも「キュッ！」ということばが響くように感じられたのはなぜでしょうか。「なったね！」は行動に対するおとなからの意味づけと考えられるのに対し、「キュッ！」は子どもが今、おそらく感じていること（この場合は聞こえている音）をそのまま形にしたことばです。この時期の子どもは、これから起こるだろう楽しさを具体的に思い描いたうえで行動しているというより、そのような力をまさに身につけつつあるただなかにいると考えられます。ここでいえば、魅力的な世界へまっすぐに向かった結果感じることができた“はじめてやってみたら、こんなことになった！”という気持ちがより凝縮されたのが「キュッ！」ということばなのでしょう。この時期の保育者は、楽しさを具体的に示してくれる相手であると同時に、「はじめて」の感激を伝えたくなる相手、その中から生まれるうれしさを共有し、確かめ合える相手です。これからの行動を頭の中に思い描く力は、うれしさや喜びを共有できるおとなとの間での「もう一度やってみよう！」というくり返しを通じて徐々に育まれていくのだと考えられます。

友だちへの思いがあふれるけれど……

これに対し、友だちとの関係はどうでしょうか。おとなをふり返りはじめるこの時期には、当然ながら他の子どもへの気持ちも徐々に高まっていきます。一方でそれがまだうまく形にならないゆえに、次のようなほほえましいエピソードが見られたりします。

episode,11 渡したいのだけど……

１歳になったばかりのレイくん、３ヵ月のナッちゃんが仰向けで遊んでいるところにいってジーと顔をのぞき込み、その後ニコッ。そして手に持っていた握りおもちゃを一生懸命に渡そうとしていました。ナッちゃんは受け取れないけれど、やさしく、やさしく渡そうとしている姿がとてもかわいかったです。最後にはナッちゃんのおでこにポィッと置いていたのですが……。

佐藤由美さん（愛知・ほしざき保育園）

episode,12 一緒に遊ぼう！

入園から１ヵ月ほどしたある雨の日の保育室でのこと。０歳児と１歳児の混合クラスで、上は２歳になった子から下は１歳になったばかりの子の中に、やっと寝返りができるようになったばかりのヒカリちゃんはいる。

友だちが遊ぶ様子をベッドの格子越しに見ていたヒカリちゃんの下に、１歳と３ヵ月をすぎたばかりのリサちゃんがやってきて、背伸びをしたかと思うと、ワシッとヒカリちゃんの髪をつかんだ。７ヵ月のヒカリちゃんは３人兄弟の末っ子、そんなことくらい“へっちゃらだい”とばかりにリサちゃんをにらんでいたが、あわてたやってきた保育者を見たとたんに涙があふれた。で、リサちゃんは？　といえば、泣いているヒカリちゃんと、ヒカリちゃんを抱っこしている保育者を見てニコニコしている。

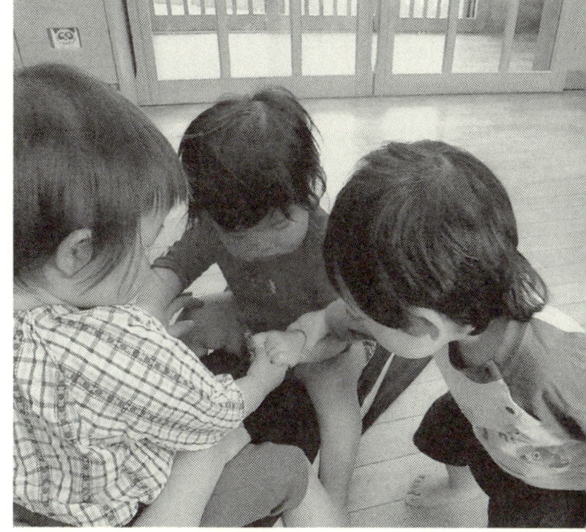

一緒におてて、つなぎたいの？
（１歳７ヵ月〜１歳９ヵ月ごろ）

雨の日の保育室はヒカリちゃんにとっては危険がいっぱい。「でも、そぉかぁ……」と、保育者がベビーチェアを借りてきて部屋のほぼ中央に置き、そこにヒカリちゃんを座らせ、リサちゃんには「一緒に遊びたかったんだね。リサちゃん」と話しかけてみた。

手を打って喜んでいるリサちゃんを押しのけるように、まだ伝い歩きのユカちゃんとマミちゃんがハイハイでやって来て、つかまり立ちでヒカリちゃんの顔をのぞき込み、ほほを指でついた。カオルくんがボールをヒカリちゃんの胸の上に乗せて「あげる」とばかりほほえんで、絵本を見ていた３人もやって来てかわるがわる頭をなでなで。座り心地はいいけれど、少し煩わしい……でも、やっぱりみんなと一緒でうれしいヒカリちゃんでした。

柴田鏡子さん（愛知・岡崎市立豊冨保育園）

魅力的な世界を一直線に目指すこの時期、すぐ隣にいて、同じ動作で喜び合える相手である友だちは、大好きなおとなにまさるとも劣らず心惹かれる存在でしょう。一方で2つのエピソードにあるように、相手をみて、それに自分の行動を合わせていくのはまだむずかしいことが多いため、かかわろうとはするもののうまくできなかったり、ときには乱暴なかかわりに見えたりする場合も出てくるかもしれません。このとき、友だちに惹かれる思いを具体化するおとなの支えがあれば、子どもはめばえはじめた友だちへの思いを形にすることができます。おとなによる、友だちに向かう気持ちが活きるような支えが、友だちと一緒にいてうれしい気持ちを支えることはもちろん、その後友だちの行動にあこがれ、新たな一歩を踏み出すうえでの支えにもなることでしょう。

第３章

友だちとともに「魅力あふれる世界」へ踏み出すころ

１歳半ごろから
２歳ごろまで

「これから」を思い描く

表象

おかいものいってきます
（１歳７ヵ月〜１歳９ヵ月ごろ）

１歳半ごろは発達における質的な転換点とよばれる年齢です。9、10ヵ月を境に、３項関係という新たな形を取りはじめた外界との向き合い方は、この時期さらにどのような変化を遂げていくのでしょうか。

１歳半をすぎた子どもは、生活の中でたとえば次のような姿を見せはじめます。

episode,13 見通しをもちながら

保育室にゴハン用のテーブルを用意してから園庭へ向かおうとしたところ、テーブルで何かをして遊ぶと思ったトモちゃん（１歳８ヵ月）。園庭に誘っても「ヤル」「イヤ！」と行こうとしないので「ごはんを食べるときのテーブルだったんだよ。お外行こう！」と言うと、「イク！」と言ってすくっと立ち上がりお外へ向かいました。おとなの言っていることがよく理解できてすごい！　園庭ではお皿に砂を入れ、そこに拾った葉っぱを並べて、葉っぱケーキをつくりました。

加藤千香子さん（愛知・あいかわ保育園）

このエピソードにおいて、トモちゃんにとってのテーブルは、「何かをして遊ぶ」はずのもの、だったのでしょう。１歳半をすぎるころの子どもは、このように、自分なりの「つもり」や「意味」を思い浮かべながら目の前の対象をとらえていきます。思いつくままに対象にまっすぐ向かうのではなく、これからの「見通し」を心に思い描いたうえで行動するようになったわけです。そして、見通しを自ら思い描けるようになることは、その中に相手の意図を組み入れたうえで、自分の行動を定めていくことを同時に可能にします。このような様子は、おとなからみれば「ことばがけによって行動できる」姿として目に映ることでしょう。エピソードからは、保育者とのことばを介したやりとりが可能になり、さらにはあそびの中でも自分なりの見通しを展開させていく姿を読み取ることができます。

「つもり」や「意味」、「見通し」の基礎となる、心の中に思い描いた行動のイメージのことを、心理学のことばでは「表象」といいます。では、「表象」という新たな道具を手に入れた子どもの生活に訪れる変化とは具体的にどういったものか、それをいかにして支えていけるのかを、次にもう一歩深めて確認していきましょう。

表象は「工夫」と「選択」を可能にする

１歳すぎの子どもは、生活やあそびの中でおとなの行動のまねをずいぶんとじょうずに見せてくれることでしょう。「ポットン落とし」のおもちゃがじょうずにできるようになった１歳１ヵ月のヨウちゃん。できるたびにおとなが笑顔で拍手してくれるのを確かめて、自分でも満面の笑顔でパチパチと拍手をしてくれます。一つポットンして「パチパチ」、もう一つポットンして「パチパチ」と、一つひとつができるたびに「パチパチ」をくり返し、とてもうれしそうな様子です。

このような姿をはじめとして、おとなとの間でのくり返しを通じ「できた」を一つひとつ実感していく１歳前半ごろの姿は、１歳半をこえると徐々に変化していきます。３つの積み木つみに挑戦している１歳８ヵ月のミクちゃん。無事に１つを積み重ねると、すぐにもう次の積み木に手を出しました。一度崩れたがやり直し、なんとか3つ積むことができて、うれしそうな表情でおとなをふり返り「パチパチ」と拍手をしました。表象をもつとは、行動の目標を思い描けるということです。「目の前の積み木を全部積む」という見通しを持った1歳後半ごろの子どもにとって、「1つを積み重ねる」ことはプロセスの一つにすぎません。この例のように、すべての行動を終えたとき、はじめて喜びが外から見える形であらわれるのでしょう。

表象によって目標を思い描くことで可能になるのは、目標に対して工夫する、できなければもう一度やり直してみるなどの行動です。このころを境にスプーンなどの道具をじょうずに使えるようになっていくのは、単に手指の機能が発達したからではなく、この表象のめばえにも関連した結果だと考えられます。先に9、10ヵ月ごろ～1歳半ごろのエピソードとして示した、台から降りようとしたチヨリちゃんの姿 **(→32ページ)** も、このことと関連して理解することができます。のぼったはいいけれど実際には降りられなかったチヨリちゃんが「姿勢を転換して台から降りる」ためには、「台から降りる」という目標を思い描いたうえで、それに対してプロセスを工夫することが必要だったのでしょう。そのような行動がおおむね1歳後半に出現することからは、たとえ身体運動面の行動であっても、その出現は表象のめばえと強く関連していることが示唆されます。

たかいたかい、できたね！
（1歳3、4ヵ月ごろ）

くわえて表象のめばえによって可能になるのは、それまで積み重ねてきた楽しかった行動のイメージを、自ら具体的に展開させることです。1歳前半ごろに花開きはじめた「主人公」としての自分を実際に積み重ねた結果、1歳後半ごろにおいて「自分で○○したくてたまらない」という、いわゆる「自我のめばえ」とよばれる姿が結実していくのでしょう。

このころはよく「イヤイヤ」が頻出しはじめる時期といわれます。イヤイヤが言えるようになるとは、「○○ではなく××がしたいんだ」というように、具体的な選択にその子どもなりの意味や意志がともないはじめているということです。生活におけるこのような場面を通じ、子どもは「自分で選ぶ」力を磨き上げていきます。このことを考えると、1歳半を経て、自分なりの見通しをもちつつ、ことばや道具を支えに一歩前に踏み出した子どもに対しては、その子どもらしい選択を支えるような働きかけがより一層求められるかもしれません。おとなの側の結論を示すだけではなく、「自分でしたくてたまらない」思いをじっくり待って支えるようなおとなのふところの大きさが、この時期の子どもそれぞれの個性を開花させることにつながるのではないでしょうか。

「おとなに教わる」から「おとなに教える」へ

1歳半ごろを境として生じる変化には、これまで確認してきた見通す力のめばえや道具の使い方の発達などがありますが、もう一つ忘れてはならないのは話しことばの発達でしょう。保育者からのことばがけを頼りに行動できることにくわえ、たとえば「ポンポン、アッタ」のような2語文を口にするなど、この時期には話しことばが急激に豊かになっていきます。なかでも、おとなの目からみてもっとも印象深いものの一つは、「チエチャン」など、身近な人たちの“名前”を口にすることではないでしょうか。相手の名前を、(ナッチャンでもアユチャンでもない)チエチャン、と理解して呼ぶことは、相手をかけがえのない存在として認識した証しでもあり、また、子どもがまわりの世界を意味を持ったものとしてとらえ、行動しはじめたことの証しでもあります。このように、ことばの世界に徐々に足を踏み出しつつある1歳後半ごろには、当然のことながら保育者とのかかわりや友だちとの関係も、それまでにはない新たな一歩へと踏み出すことになります。

心理学者のレパチョリたちは、1歳2ヵ月児81人、1歳6ヵ月児78人に次のような実験を試みました[9]。まず、実験者であるおとなが、子どもの前で生のブロッコリーをおいしそうに、クラッカーをまずそうに食べて見せました。その後、子どもにブロッコリーもしくはクラッカーを「ちょうだい」と求めました。その結果、1歳2ヵ月児の多くがおとなの求めに対しクラッカーを渡したのに対し、1歳6ヵ月児の多くはブロッコリーを渡しました。つまり、自分の好みにしたがった反応を示した１歳前半児に対し、１歳半をこえた子どもは相手の食べる様子を見て、相手の「好み」という意図を自分の行動に組み入れたことがわかります。

他でもない相手の名前を口にし、その意図を汲みとりながら動こうとする１歳後半児にとって、保育者をはじめとするおとなはもはや自分の行動を受け止め支えてくれる存在ではなく、自らが主体的にコミュニケーションをとるべき「相手」として立ちあらわれているのでしょう。ヒトの「教える」行動のはじまりについて研究している赤木和重さんは、○△□の穴に同じ形の板をはめる「型はめ」のおもちゃを用いて、おとながわざと失敗する様子を見せたときの１歳代の子どもの反応を観察しています[10]。その結果、１歳７ヵ月までの子どものほとんどが自ら手にとって板をはめようとしたのに対し、１歳８ヵ月以降の子どもは、半数以上が自分で板をさわらず、本来板をはめるべき穴を指さしおとなに教えようとする姿が見られました。この実験の結果から示唆されるのは、１歳後半の子どもには、自分とは異なる意志を持った存在としてのおとなが明確に意識されていることです。当初は自分と一体的な存在だったはずの保育者との関係は、「主人公」としての力の発揮を支えてくれる関係を経て、０歳児クラスの終わりが近づくとともに、これまでとは大きく質の異なるものになっていくのでしょう。

ママ、あっち見て！
（１歳３ヵ月ごろ）

友だちがやるからボクも・ワタシも

一方、友だちとの関係はどのように変化していくのでしょうか。次のエピソードにはこの時期の子ども同士の様子がよくあらわれています。

episode,14 友だちにも少しずつ気持ちが向き……

はじめのころから大胆に砂場で遊んでいた１歳６ヵ月のハナちゃん・１歳８ヵ月のコウタくん。砂あそびも楽しいけれど、水道のある小さい壁の後ろで“いないよー”と隠れるのもおもしろいぞと気づいた２人。どちらからともなく隠れだし「バァー」と顔をのぞかせてアイコンタクトで誘い合うのです。保育者も一緒に「バァー」と遊び出すと、それに気づいた１歳３ヵ月のカオリちゃんも隠れはじめます。そんなカオリちゃんの姿を見て、ハナちゃん・コウタくんはカオリちゃんにもアイコンタクト。でも、まだ保育者とのやりとりが楽しいカオリちゃんなので、２人のサインには気づかず……。気持ちのすれちがいはあるものの、水道のまわりをクルクル走りながら、その雰囲気はとても楽しそうでした。

島崎智恵さん・加古範子さん・見田村志津さん・小林智子さん（愛知・第一そだち保育園）

１歳後半児の特徴は、この例のように友だちを手がかりとしてあそびが一挙に広がることでしょう。この様子は、１歳前半児がおもにおとなを支えにあそびを展開していくのと対照的です。まだ表象の世界が明確に成り立っていない１歳前半ごろは、自身がふり返った視線の先にいるおとなからの具体的な支えがあって、はじめてあそびをくり返すことができます。そのようなくり返しの中で明確になった楽しいあそびのイメージを思い浮かべ、そばでおとなが見本を見せなくても、それを自らのものとしてくり返せるようになるのが１歳後半をすぎてからでしょう。

このような表象の成立の時期と、新たな活動に自らチャレンジし、くり返すうえでの心の支えがおとなから友だちへと変化する時期が重なるのは偶然ではないでしょう。表象の成立により行動のイメージをもてた子どもは、魅力的なあそびをしている友だちに自然と惹きつけられ、「友だちがやっているから、ボクもやってみよう！」と同じようにまねてくり返すことをはじめます。このとき、自分のやりとりを意味づけてくれるおとなは、もはやあそびを続けていくうえでの前提条件ではありません。相手とのやりとりの中で自ら行為を意味づけていくこの時期、友だちは、一緒に過ごし、魅力的な世界を提示し合い、響き合える相手です。やりとりの中でことばを使って交渉する力はまだこれからゆえ、子ども同士のトラブルも目立つ時期ですが、そのような様子も含め、「自分」の力で友だちに思いを向けていく時期だと考えられます。養育者と一体的な存在だったはずの「赤ちゃん」は、０歳児クラスでの時を経て、人格を持ったひとりの「子ども」として歩みはじめていくのです。

第４章

0歳児クラスの保育実践で大切にしたいこと

0歳児に喜びと希望をひらくための保育の課題

1 園生活の“はじめの一歩”を豊かなものに

何が書いてあるのかなあ
（１歳３ヵ月ごろ）

０歳代は、改めて言うまでもなくヒトの人生における“はじめの一歩”の時期にあたります。子どもにとっての園生活は、多くの場合家庭以外での生活の第一歩であり、さらに一人目の子どもであれば、保護者にとっても子育ての第一歩となるはずです。この、子どもそして多くの保護者にとっての“はじめの一歩”を豊かなものにするために、保育者はどのような願いをもって０歳児の生活を支えていくことが必要でしょうか。

これまでは０歳児にひらかれる新たな世界、およびそれにともなってめばえるだろう子どもの喜びやあこがれについて、大きく３つの時期に分けて整理をしてきました。それをふまえ、ここでは０歳児クラスの保育を展開するうえで大切にしたい課題について、「序」で述べられた「子どもの中に形成される『喜び』の世界」の育ちに関係する自我発達と、「やりたいことやあこがれの育ち」に関係する協同性の育ちという観点から述べたいと思います。

０歳児保育における「自我発達」

０歳児保育の対象となる１歳をはさんだ前後１年間は、一般に「自我のめばえ」に相当する時期だといえるでしょう。外界のモノに自ら手を伸ばす、自らおとなに「いないいないばぁ」をしてみる、自らことばを発し、自己主張する……その形は月齢ごとにそれぞれ異なるものの、０歳児保育の１年間を通し、子どもたちはさまざまな場面で“ジブン”を発揮していきます。重要なのは、それが子ども自身の力として、植物の種から自然に芽が出るように発揮されるのではなく、保育者をはじめとするおとなとの結びつきと働きかけがあってはじめて実現するということです。入園当初、とくに０歳代の前半においてはおもに世話をされ、意味を付与される存在だった子どもは、３月の進級時には自ら何かをおとなへ伝え、意味をつくり出す主体へと発達していきます。子どもがそれを達成するために欠かせない支えとしての役割こそ、０歳児保育に携わるうえで大切にしたいことだといえるのではないでしょうか。

乳児期の発達研究の分野では、ここ四半世紀のめざましい研究の進歩に対し「赤ちゃん学革命」[11]ということばが使われることがあります。それらの研究の多くが指摘するのは、端的に言えば「乳児はこれまでに知られている以上に『有能』である」という事実です。モノを見分ける力、聞き分ける力、動きを予測する力など、おとなから与えられるものをはじめとした外界からの刺激を単に受動的に受け止める存在ではなく、０歳児は外界へ能動的にかかわっていく力を有していることがさまざまな発達の研究によって示されつつありますし、今後もさらに多くの事実が明らかにされていくことでしょう。

その一方で、０歳児は保育者による支えを必要とする存在である、という動かしがたい現実が、この「乳児は『有能』である」ということの論証によって崩されるわけではありません。乳児が潜在的にもっている力が何らかの行動として発現されるためには、それを可能にする環境や条件が準備される必要があります。わかりやすく言えば、「できる」力が「できた」姿として実際に目に見える形であらわれるのは、保育者の適切な働きかけがあってこそです。ここから考えると、０歳児保育において大切にしなければならないのは、子どもが「できる」か否かという表面的な事実に目を向けることではなく、そこに至るまでのプロセスと、それがいかなる支えによって可能になるかということのはずです。

たとえば０歳児が、いかにして自ら体を動かすようになっていくかを考えてみましょう。自力移動がまだむずかしい０歳前半では、実際に体を支えることで移動を可能にしてくれたり、意識的に視界に入ってきてくれたりする保育者の援助が、これから自力移動が生成されていくうえで決定的な役割を果たします。ハイハイなどで移動が可能になった０歳後半においても、視界の中の、もう少しで手が届きそうな距離に魅力的な環境が保育者の手で構成されることが、さらなる移動の発達を引き出すにあたって欠かせないものとなることでしょう。また、保育者をふり返ることができるようになり、自分からおとなにモノを差し出しはじめた１歳すぎの時期であれば、それをともに喜んでくれる保育者がそばにいることで、「もう一度やってみよう」という思いがはじめて喚起されていくといえるのではないでしょうか。

ボクは××したかったのに……
（１歳９ヵ月ごろ）

０歳児の生活ではこのような形で、まずはおとなとの結びつきを介して次の一歩へとつながる足場が確保されていくのだと理解できます。当初はおとなに世話をされ、受け止められ、力を引き出されることが欠かせなかったはずの子どもは、１歳児クラスに進級する３月には、おとなに自ら何かを示したり、おとなの意思を組み入れて行動したり、おとなだけではなく友だちに心惹かれたりという姿を見せていくことでしょう。０歳児保育が開始される月齢および発達段階は個人によってそれぞれですが、０歳児クラスの一年間を通じ、おとなとは異なる自分なりの思いを実現する主体、すなわち自我を持った存在として歩みはじめることはどの子にも共通しています。思いを保育者に汲みとってもらうことを重ねつつ、最終的には保育者とは異なる思いを自ら押し出し、自我を持った存在としてひとり立ちするプロセスが０歳児保育の時間であり、そのプロセスを支えることこそ、０歳児保育でまず大切にしたい課題だといえるでしょう。

０歳児保育における「協同性」

次に協同性について考えてみます。０歳児保育においては、一般に使われる意味での「協同性」が子ども同士でみられるわけではないでしょう。しかしながら、子どもたちの間にはそこにつながる一歩を見出すことができます。それは、新たな一歩を踏み出す際の心の支えがおとなから友だちへと変化したり、その兆しが見えはじめたりすることです。

９、10ヵ月ごろの３項関係の成立により、子どもは未知の外界と向き合い新しい活動に挑むときにおとなを参照し、視線および気持ちのやりとりを通じて他者に助力を求めることが可能になります。ただしこの時点では、子ども自身はまだ外界に対し十分な見通しをもっているわけではありません。他者とのやりとりを成り立たせ、続けていくためには子どもの状態に合わせられるおとなが相手となることが必要不可欠です。おとなにそのように支えられ、やりとりがくり返されることを通じ、「○○している」実感が積み重ねられていくわけです。

そして、このプロセスを経て見通しをもてるようになった子どものまなざしが次に向かうのは、自分と同じように魅力的な活動に取り組もうとする友だちの姿でしょう。保育者に支えられつつ揺れ動く思いを明確化していく中で、楽しそうに遊ぶ友だちに気づいたとき、思わずそこへ心惹かれ、友だちと同じようにやってみる姿があらわれるかもしれません。それはときには子ども間の衝突へと発展することがあるでしょう。そのような姿は「衝突できるほどの新たな人間関係へ踏み出しつつあるのだ」と言ってよいと思います。

０歳児保育の１年間は、このように、協同性へと向かう人間関係への道が開かれる時期でもあります。たとえ０歳児であっても、自分とは異なる子どもとともに生活できる保育という場が、新たな人間関係への一歩を可能にする機会を提供するのです。子ども同士の協同性への育ちを見通しつつ、０歳児の「いま」をとらえていくことがこの時期の課題として求められます。

自我発達と協同性の育ちに関して、０歳児はともにそのめばえの時期だと考えられます。だからこそ０歳児保育の中では、そこに向かうプロセスを大切に育んでいきたいものです。

２ ０歳児保育で大切にしたい生活と経験の構造

０歳児保育における「生活と経験の構造」の３要素

これらをふまえたとき、０歳児保育で大切にしたい生活および経験の構造とは、どのようなものとして描き出すことができるでしょうか。「序」で述べられている「保育の構造」という視点をふまえると、０歳児保育においてはおもに３つの要素を考えることができます。

第一にポイントとなるのは、〈基本的・日常的生活活動〉ともよぶべき、身体的・生理的な基盤にもとづき生活リズムそのものをつくり出していく活動です。０歳児保育を実践する園においては、中心的な課題として大切にされているこの活動は、具体的な目標としては、たとえば「家庭との連携をとり、子どもにとっての24時間の生活を視野に入れながら、一日の生活リズムを整えていく」「一人ひとりに合わせて無理のないように理想的な日課に近づけ、心地よい生活を送っていけるよう援助する」[12]などと示されることがあります。

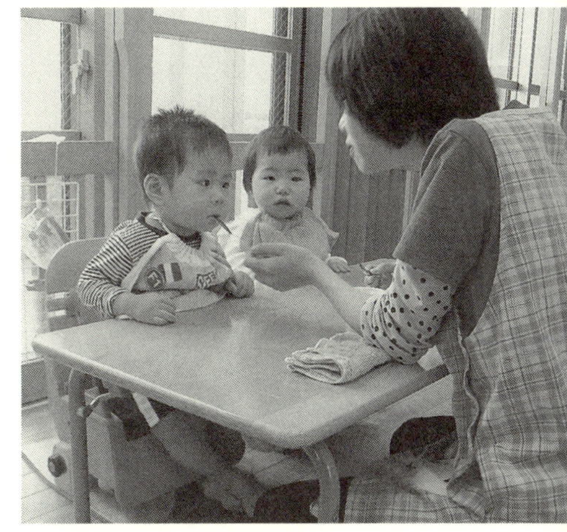
どんな味……？　おいしい?!
（１歳～１歳４ヵ月ごろ）

私たちが意識しておく必要があるのは、０歳児保育においてはとくに、この活動の重要性が相対的に高くなるということです。このような整った日課が活動の基盤になること自体は、もちろん幼児期においても同様です。が、０歳児、なかでも月齢が低い子どもの場合には、まずはこの活動が十分に保障されているかが、これ以外の活動に前向きに取り組んでいけるかの鍵を握ります。０歳児の生活において「なんだか今日の機嫌はいまいちかな？」と思えるとき、まずはしっかり食べ、飲んで、しっかり眠るという基本的・日常的生活活動を十分に保障することで、その後の生活を前向きにすすめられることがあると思います。園生活の第一歩である０歳児クラスにおいて〈基本的・日常的生活活動〉を充実させていくことは、今後続いていく園生活における土台づくりとしても大きな意味をもつでしょう。

さて、この〈基本的・日常的生活活動〉が満たされたうえで発展していくものとしては〈探索・探究する生活〉と、〈文化に開かれた生活〉を第二、第三のポイントとしてあげることができます。〈探索・探究する生活〉とは、子どもが自ら外界を探っていく活動です。「探索・探究」は当初、新たなモノや場所などの周囲の世界を、子どもが自らの力で知っていく活動としてあらわれます。が、その様相は９、10ヵ月ごろの３項関係（共同注意）の成立を境に一変するでしょう。３項関係が成り立つとは、探索・探究の活動を子ども自身の世界で完結させることができなくなり、そこに必ずおとなの意味世界が入りこむようになったということでもあります。自らが探索したものに周囲のおとなから新たな意味を付与され、子どもがそれを受け止められる基盤が整ったとき、子どもが感じる周囲の世界への驚きと不思議さは、それまでとは異なる水準でより豊かに展開していくと考えられます。

一方〈文化に開かれた生活〉は、おとなを通じて共感され、伝えられることによって成り立つ活動です。ただし３項関係が成立する前において、おとなが何らかの意味をこめてモノを示したとしても、子どもはそれをそのまま感じ取れるわけではありません。当初の共感関係は、おとなによって示される具体的なモノを介したやりとりによって成立するというより、子どもの姿勢運動能力の発達にともなっておとなが子どもへの働きかけ方を変化させ、それによって子どもも自らの姿勢を変化させつつ互いの情動状態を合わせていくという、気持ちを相互に調律する関係を通じて形成されていきます[13][14]。そして３項関係の成立によってはじめて可能になる、モノを介した気持ちのやりとりによって、子どもの世界は文化的・歴史的に価値あるモノや環境へと本当の意味で開かれ、さらにはそれをおとなと共有するための条件が整うのだといえるでしょう。

０歳児保育の構造を考えるうえでは、このように〈探索・探究する生活〉と〈文化に開かれた生活〉が一体的にすすんでいくという特徴を理解する必要があります。たとえば日々の保育において、「見ているからね」「大好きだよ」などの保育者の思いを、直接的なことばやまなざしでくり返し伝えていくといった働きかけが大切であると言われます。それはこれらが、他者との共感関係を子どもに育んでいくことはもちろん、それを探索活動と接続させ、さらなる探索へと向かわせる原動力になるという意味で、〈探索・探究する生活〉〈文化に開かれた生活〉の双方を充実させる働きかけとして成り立っているということです。これらの生活を保障することで、「探索・探究」したモノへの意味づけにくわえ、おとなから「文化」を付与される基盤ができることは、その後のヒトらしい文化的活動のより一層の発展と強く結びついていくことでしょう。

0歳児保育における「文化」

さて〈探索・探究する生活〉および〈文化に開かれた生活〉の出発点である0歳児は、モノやヒトなどの目前の対象への直接の働きかけから、ことばや道具などを使いはじめるという、なんらかの手段を介しての間接的な働きかけが開始される時期です。ヒトはその歴史の中で、道具を用いて外界に働きかけ、さらには心理的な道具ともいうべきことばを用いて記憶したり、他者に意思を伝えたりしてきました。このように、外界に対し手段、すなわち媒介項を用いて働きかけることは、ヒトの活動を本質的に特徴づける形式の一つです[15][16]。人類史の中で成立してきたこの活動の獲得は、じつは0歳児一人ひとりの発達過程にも再現されていると考えることができます。子どもは砂をすくうためにカップを用い、目の前にはないブラシを見立てるために積み木を頭につけ、自分の思いを伝えるために「チャチャ、チョーダイ」などとことばを用いはじめるでしょう。0歳児クラスのはじめには目の前のモノに直接手を伸ばしてつかんだりなめたり、おとなに思いを直接ぶつけて読み取ってもらったりしていたのが、その後の1年間の中で、「道具」という具体物の水準はもちろん、「ことば」という心理的な水準でも媒介項を用い、自らの行動を調整していくようになります。

絵本の楽しみ方もそれぞれ
（1歳7ヵ月～2歳ごろ）

ところでこの「ことば」や「道具」といった媒介項は、それを使う本人が独自に考え出したものではなく、社会的・歴史的・文化的に伝えられ、共有されてきたものだという点に特徴があります。つまり0歳児保育とは赤ちゃんをいわば“ヒト化”“文化化”していくプロセスそのものといえるかもしれません。そう考えると、〈文化に開かれた生活〉を子どもに保障するために、日々の保育を通じて、媒介項となりうるものをどのように示していくかは0歳児保育における大きな課題です。具体的な教材やおもちゃから、ことばを介した子どもへの働きかけに至るまで、子どもに何を示し、その結果として子どもは何を選ぶのか、さらには選びとった手段といかなる関係を子どもは切り結んでいくのか、それは〈文化に開かれた生活〉といかにつながりうるかを検討することは、0歳児保育を「ヒトらしさ」をつくり出す過程として考えるにあたって欠かすことができない視点だと思われます。〈探索・探究する生活〉〈文化に開かれた生活〉という構造を考えること、さらにそれを結びつけてとらえることは、0歳児保育における生活づくりを、ただ子どものいま目の前の環境との関係から考えるのではなく、時間そして歴史を含めたより広い視点からとらえ、その意味、すなわちヒトらしさとは何か、という観点から0歳児に必要な生活を考えるという方向へと結びついていきます。

③ 計画と実践の豊かな関係

さて、これまで考えてきた「0歳児保育において大切にしたいこと」およびそれを支える「生活と経験の構造」という視点は、具体的に保育を計画し、実践するうえでどのように活かすことができるでしょうか。

保育における「生活と経験の構造」すなわち保育の構造とは、保育の計画を考える手がかりとなると同時に、それぞれの園や地域ごとに多様な形でつくられた保育の計画を読み解くための軸となります。別の言い方をすれば「保育の構造」という視点をとることで、一見異なる活動の間の共通点を見出すことが可能になるということです。

保育の計画とは本来、単なる具体的活動の集積とは質の異なるものとして考えていく必要があります。たとえば「散歩」という活動はどの年齢においても見られるものです。が、それをどのような形態で実施するか、それによって子どもにどんな喜びがひらかれるかといった問いに対しては、それぞれの年齢に応じた固有の解釈が導き出せるはずです。また一方で、仮に何らかの事情で「散歩」を実践することがむずかしいクラスであっても、それによってひらかれていく喜びに相当するものを、別の活動によって保障することもありえるでしょう。

つまり「保育の構造」を手がかりとすることで、ある具体的な活動を単に実践するか否か、という表面的な水準ではなく、その活動を実践することで子どもに何がめばえるのか、それは別の活動を介してもめばえうるのかなど、もう一歩踏み込んだ水準から保育の実践を分析し、計画を考えることが可能になります。では、そのような観点から「計画」をとらえた際に立ち上がるものとはなんでしょうか。保育の計画を組み立てる際に、去年まで取り組んできた活動をあれこれ寄せ集めるのではなく、「構造」という観点を用いることで可能になるのは、その活動がなぜこの時期に行われようとしているのか、それによって子どもに実現されるものは何かという視点です。

もうすぐ進級！　新たな一歩

保育実践にあたって、みなさんが手応えを感じたり、子どもとの間で充実感が味わえるのはどのようなときでしょうか。計画との関係でいえば、それはおそらく、第三者によってつくられた「計画」にしたがって保育をすすめたときや、去年の活動をなんとなくそのまま行うなかで感じられるものではなく、保育の担い手であるみなさん自身によって考えられ、工夫された実践が子どもに響いた瞬間でしょう。ここから考えると、保育の計画を立ち上げる際には、実践を通じてあらわれた子どもの具体的な姿をふまえつつ、自ら考え工夫した実践を計画に織り込んでいくことが必要になります。言い方をかえれば、計画づくりにあたっては、子どもの姿とならんで保育者自身の「願い」と創造性が反映されることが欠かせないといえると思います。保育の構造という視点は、そのような計画づくりを行ううえでのヒントとして機能するのではないでしょうか。

このような観点から、第Ⅱ部では０歳児保育の実践を、〈基本的・日常的生活活動〉〈探索・探究する生活〉〈文化に開かれた生活〉という３つの構造にしたがって整理します。それぞれの実践は、保育者のどのような願いと創造性のもとで展開されているのか、それは子どものどのような変化と実践者のどのような手応えを生み、次の計画そして実践へと結びついていくのか、第Ⅱ部を読みながら、そのプロセスを味わっていただきたいと思います。

1 Vygotsky, L.S. 1998 The problem of age. In Rieber, R.W.(ed.), The collected works of L.S.Vygotsky, vol.5 Child psychology Part 2: Problems of child (developmental) psychology chapter 6 (Pp.187-205), NY: Plenum press.

2 ヴィゴツキー, L.S.（柴田義松他訳） 2002 新児童心理学講義 新読書社

3 松本博雄 2011 子どもの「できなさ」には意味がある―ヴィゴツキー『新児童心理学講義』 夏堀睦・加藤弘通（編） ひとつ上をいく卒論・修論を書くための心理学理論ガイドブック：メタ理論へのステップ 第５章 ナカニシヤ出版, 47-57.

4 陳省仁 2004 行動発達における生成と転移のメカニズムを求めて 三宅和夫・陳省仁・氏家達夫 「個の理解」をめざす発達研究 第５章 有斐閣, 139-163.

5 第14回あいち保育と子育てのつどい０歳児保育ミニ講座と実践交流会に向けて寄せられたエピソードシートより一部抜粋

6 常田美穂 2009 コミュニケーション能力の発達 加藤義信（編） 資料でわかる認知発達心理学入門 第２章, 28-42.

7 川田学・塚田－城みちる・川田暁子 2004 0-1歳児における「不従順さ」―食事場面における母子間コンフリクトの展開 東京都立大学心理学研究, 14, 27-38.

8 白石正久 1994 発達の扉〈上〉 かもがわ出版

9 Repacholi, B.M. & Gopnik, A. 1997 Early reasoning about desires: evidence from 14- and 18-month-olds. Developmental psychology, 33, 12-21.

10 赤木和重 2004 １歳児は教えることができるか：他者の問題解決困難場面における積極的教示行為の生起 発達心理学研究, 15, 366-375.

11 下條信輔 2006 まなざしの誕生―赤ちゃん学革命（新装版） 新曜社

12 愛知・第一そだち保育園 保育計画より

13 常田美穂 2007 乳児期の共同注意の発達における母親の支持的行動の役割 発達心理学研究, 18, 97-108.

14 前掲書**6**

15 Wertsch, J.V. 1991 Voices of the mind : a sociocultural approach to mediated action. ワーチ, J.（田島信元他訳） 1995 心の声：媒介された行為への社会文化的アプローチ 福村出版

16 Wertsch, J.V. 1998 Mind as action. ワーチ, J.（佐藤公治他訳） 2002 行為としての心 北大路書房

第Ⅱ部

0歳児クラスの実践の展開

第Ⅱ部では、第Ⅰ部でまとめた０歳児の姿が、どのような保育実践の中で引き出されていくかをみていきます。ここで例として取り上げるのは、第一そだち保育園（愛知県春日井市）における７本の保育実践です。実践記録のあとには、そこから得られるエッセンスを、筆者からのコメントとしてまとめています。

第一そだち保育園は、０歳児定員が21名、１歳児定員が24名の、計45名からなる乳児専門の保育園です **(→コラム①)**。これまで述べてきたように、クラスやグループの形態がそれぞれの園ごとに大きく異なる点は、０歳児保育ならではの特徴でしょう。読者のみなさんの園によっては、第一そだち保育園とは異なり、０歳児の数が少なく、それにともない０・１歳児クラスや、０・１・２歳児クラスなどの異年齢集団で保育をすすめているケースもあることと思います。しかし一方で、保育者そして保護者も含めたおとなが０歳児に抱く願い、そしてその願いを具体化するための保育の計画ならびに実践のエッセンスには、たとえクラス形態が違えども共通した要素を見出せるのではないでしょうか。

強調しておきたいのは、ここで示されているそれぞれの実践を、必ずしもうまくいった「理想的なモデル」と考え取り上げたのではないということです。どの実践にも、保育者が願い、悩み、保育者同士の対話を通じてそれを乗り越えていくプロセスが描かれています。０歳児保育に取り組む保育者である以上、だれもが経験するであろう気持ちの揺れ動きはどのように乗り越えられ、明日に向けて保育が組み立てられていくのか。それぞれの保育実践が、読者のみなさんがこれまでに出会った、そしてこれから出会うかもしれない困難を越えて、子どもたちのための新しい道を豊かにひらいていく支えやヒントとなることを願っています。

第１章

「基本的・日常的生活活動」を支える

心地よい身体性と安定した居場所を保障する保育実践

1 保育園も楽しいよ

生活パターンを広げるために

０歳前半

第Ⅱ部のはじめに紹介するのは、「基本的・日常的生活活動」の中でももっともベースとなる、生活リズムをつくり出していくプロセスが描かれた保育実践です。

乳児保育の基本的なテキストを開くと、「家庭的」というキーワードをしばしば目にすることでしょう。一方で園舎・保育室などの物理的環境、保育者そして友だちが身近にいるという人的環境のいずれをとっても、保育園の環境は家庭と大きく異なることは言うまでもありません。そのような中で展開される生活において「家庭的」な環境を追求するとは、具体的にはどういったことを指しているのでしょうか。０歳児保育が「家庭的」な形で展開されることは、子どもの生活にどのような豊かさをもたらしうるのでしょうか。

母胎から胎外へとはじめの一歩を踏み出した子どもたちは、「眠る」「食べる」などを中心として、身近なおとなとの間で徐々に活動パターンを整え、生活リズムを形成していきます。０歳前半期に園生活をはじめるとは、この「身近なおとな」として保育者がくわわるということです。このときに、活動としては同じ「眠る」「食べる」であっても、この新たな出会いによって、子どもたちは「眠る」「食べる」といった活動パターンを改めて整えることを求められる点を理解する必要があります。

私たちは園生活を通じて、０歳児が生活リズムをつくり出すプロセスをいかに支えていけるのでしょうか。そして家庭とは異なる場である保育園において、「家庭的」な環境をいかに実現し、生活リズムの形成へとつなげていけるでしょうか。「家庭と保育園の生活の違いを乗り越える」というタイトルでまとめられた次の実践において、保育者たちは「心地よい生活って？」「気持ちよく寝て、飲むって？」と日々模索します。実践を読み解きつつ、この時期の子どもたちと生活をともにつくるにあたってのヒントを探っていきましょう。

実践①　どうやったら眠れるかな？〈その１〉

伊藤眞知子・青木美月・見田村志津

家でおっぱいを飲みながら寝ていくりゅうじくんは、入園当初から“おっぱいがない”と怒って眠れずにいました。アトピーもあり、寝る時に顔がかゆくなって眠れずイライラしてしまうこともあったと思います。怒る時は悲鳴のように泣き叫んでいました。

５月（３ヵ月）、入園当初にくらべると短時間で眠っていけるようになり、途中起きてしまってもトントンや抱っこでまた眠っていける時も出てきました。が、寝つく時に悲鳴のように泣くことはまだ続き、寝ついても30分ほどで起きてしまう時もありました。りゅうじくんはミルクに時間がかかることもあり、ミルクを飲んで一人で少し遊んだらもう眠たくなって機嫌が悪くなることが多かったので、保育者はぐっすり眠ってほしい気持ちでいっぱいでした。

家ではおっぱいで寝ついていたので、おっぱいがない園ではりゅうじくんがとまどうのも無理はありませんでしたが、他にりゅうじくんがどうしたら気持ちよく寝られるか、体や頭をさすってみたり、タオルで体をくるんでみたりと試行錯誤していました。そうしていくうちに、腰のあたりを軽くゆらゆらするとピタッと静かになりそのまま寝ていくことがわかりました。家で寝かせるときには、抱っこをしているようにゆらゆらできる器具に乗せていることもある、とお母さんから聞いていたので、それでゆらゆらすると寝ていくのかなと思いました。

４ヵ月になった６月、まだ寝つく時に眠たいのに眠れず泣き叫ぶ姿がありましたが、眠くなる少し前にベッドに入れてあげると一人で眠っていく姿も見られるようになり、りゅうじくんにはタイミングがあることがわかりました。

また、５月の０歳児担当者会議で打ち合わせた際、腰を軽くゆらゆらすることで寝られることはわかっているけれど、「寝かせること」だけが目的にならないようにしたいね、「それでしか寝ない」ではなく、やっぱり自分で眠くなって寝ることを大切にしたいね、と話し合いました。そこで、軽くゆらゆらはあまりしないで、違う寝かせ方を探っていくということにして、足をさすってみたり、足をトントンしてみたりしていました。他にも、りゅうじくんが一番気持ちよさそうに眠っていくのは抱っこだったので、気持ちよく眠れることを優先して、なるべく寝る時にりゅうじくんのすぐそばで対応するようにもしました。そうしていくうちに、腰のゆらゆらではなく、足をさすったりトントンすると寝ていけるようになりました。

５ヵ月になった６月後半から、ベッドからおりてふとんで寝るようになりました。ふとんの下にマットなどを折り畳んで入れ、頭を少し高くしてあげるとわりと寝続けられることがわかりました。ふとんにおろす前に「もうねんねの時間だよ、ゴロンするよ」とゆったりと話しかけるとそのままトントンで眠っていくようになりました。まだ寝る時に泣くこともあったのですが、一度抱っこをして話しかけたりうたを歌ったりすると落ち着いて、ふとんにおろしてもトントンで寝ていけるようになりました。

しかし、スーッと寝入っていけるようになった一方で、１時間ほどすると起きてしまうことは続いていました。りゅうじくんが１時間しか眠れないのは、家で夜中１時間おきに母乳を飲んでいたこともあったと思いますが、音や他の子が寝る時の泣き声で起きてしまうこともありました。そこで他の子は違う部屋で寝かせたり、起きてしまっても薄目を開けた時ぐらいならトントンでまた寝ていけたので、なるべくりゅうじくんの近くについてすぐにトントンできるようにしました。

結局、少しずつ寝続けられるようになってきたところでりゅうじくんは退園することになってしまいました。りゅうじくんが軽いゆらゆらで眠っていったと書きましたが、今ふり返るときっとそれが本当に気持ちよくて眠っていったのではないなあと感じます。しかし、いろいろ迷いながら試行錯誤して考えてやっていく中で、少しずつ寝られる時間も増えていったので、他保育士から「今日はこうしたら寝ていったよ」と情報を聞きながら、「じゃあ次はこうしてみよう」といろいろやってみることは大切だと感じました。

目覚めの時間を豊かに過ごすことで

もうひとつ「あそびを充実させる」ことが、りゅうじくんの生活リズムづくりに大きく影響していたと思います。

ミルクがなかなか飲めず時間がかかってしまう子、寝られない子の多かったりゅうじくんのクラスは、ミルクを飲むのに少し時間がかかってしまうと遊ぶ時間も取れず、眠たくなってしまうことがよくありました。寝られない子もいるとその子に保育者が一人つくことになり、よく飲み、よく眠れる子はとくに「また一人で遊ぶことになってしまった」ということがありました。

６月（５ヵ月）、今遊ぶ時間をなかなかつくれていないよね、あそびを充実させてたっぷり楽しい気持ちを味わうことで、気持ちよく眠っていけるんだよね、と保育者間で話し合いました。それからは起きているとき、明るいテラスに出て太陽の光を浴びて過ごす時間をつくったり、１対１で正面から向かい合ってゆったりとかかわる時間を意識的につくったりしてきました。

りゅうじくんもこのころから寝つく時に泣くことが減ってきて、７月（６ヵ月）ごろからはふとんでトントンでスーッと眠っていくことも増えてきました。遊びきれると気持ちよく眠っていけるんだということを実感しました。

まずはたっぷり眠れることを保障したほうが、その後のミルクも飲めてたっぷり遊べるようになると思いがちですが、そういう子もいれば、逆にあそびを充実させることから入っていったほうがうまくいく子もいるし、しっかり飲めることでうまくいく子もいるということがわかりました。その子に応じて、その子には今ここが大切というところをうまく保育者がとらえていくことが大切なんだなあと思いました。

実践②　どうやったら眠れるかな？〈その２〉

伊藤眞知子・青木美月・見田村志津

あきちゃんは3月１日生まれ。５月入所当初は２ヵ月になったばかりでした。

寝るときは大泣きになり、抱っこしていると寝ていくけれど、ベッドにおろすとたんに目覚め泣く。そしてまた抱っこ、というくり返し。そばについてトントンしていけば寝ていくようになっていきましたが、泣きながら寝ていくことがほとんどでした。苦労して寝かせても５分もたたないうちに目覚めて泣く……「せっかく寝かせたのに」と保育者のトントンにもつい力が入ります。そうやっている間は、あきちゃんはずっと“こんなのいやだ”というように泣き続けていました。しかも泣き方はどんどんはげしくなっていきました。

一方、抱っこするとピタッと泣きやみ“そうよ。これがいいの”というように満足げな表情です。これがまた保育者をわずか２ヵ月の子にいいように動かされているような気持ちにさせるのです。

これでいいのか……保育者が抱っこをクセにしているかもしれない。そうではなく、最初は泣きながら寝ついていっても、くり返しベッドで横になり保育者のトントンで寝ていくことで、これを寝るときのスタイルにしていけば、最終的には「寝る」＝「トントンで」という形がつくられるのではないか。負けてはいけない……と思いつつ、でもやっぱりあきちゃんはベッドに寝かされトントンされると泣いていて、泣き疲れて寝るという状態でした。しかもそれまでにはものすごく時間がかかりました。

photo　安心できる気持ちいい園生活

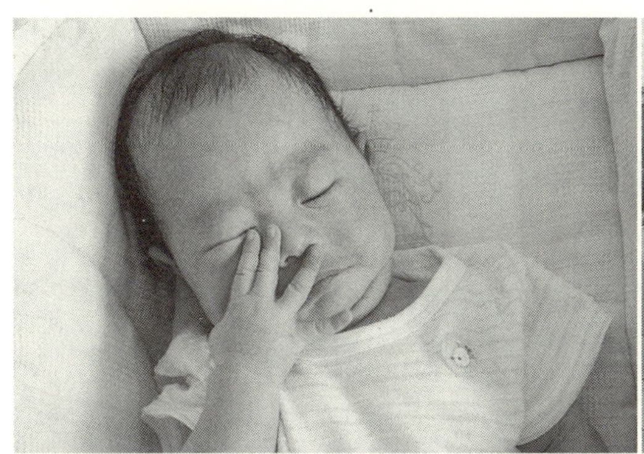

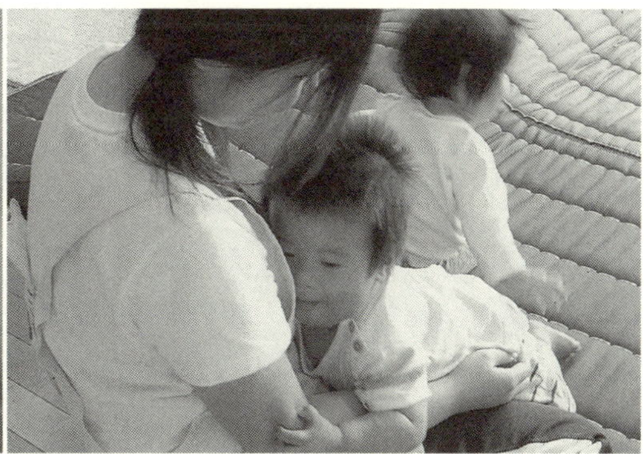

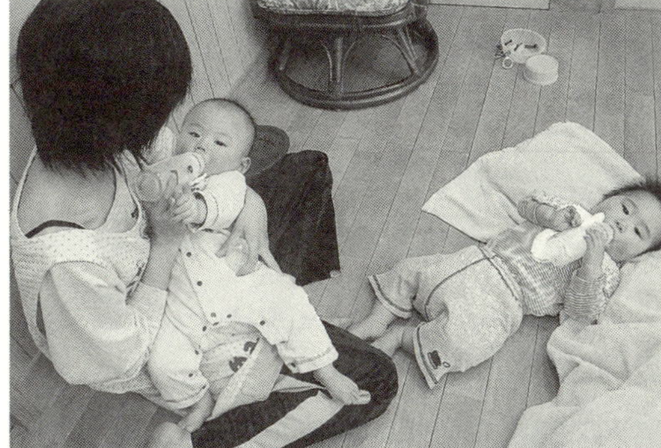

上左　生活リズムは一人ひとり異なる
上右　まずは保育園を安心できる場所に
左　ミルクも一人ひとりのペースで

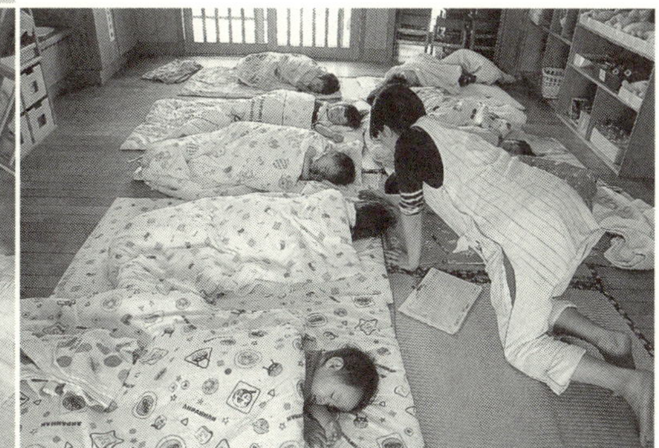

上左　寝入っていくまでのプロセスも大切に
上右　寝入ったあとも、こまめに状態をチェックし記録する
左　子どもを主人公に気持ちよくなるための毎日のくり返し

「ねかせなくては」ではなく……

こんなに“いやだー”と泣いているのに……と保育者も自分のやっていることに自己嫌悪。しまいには、あきちゃんはトントンされたとたんに泣くようになりました。そこであきちゃんの気持ちを受け入れ、泣くと抱っこする、でも抱っこで寝るのではなく、ある程度抱っこしてあきちゃんの気持ちが落ち着いたらベッドにおろしてトントンしました。

すると、あんなに泣いていたのに、泣きやんで「あきちゃんネンネだよー」と言う保育者の声を静かに聞いています。そしてトントンしても怒ることなく寝ていくことが多くなりました。子どもの気持ちに寄り添うってこういうことかな、と感じさせられる出来事でした。

あきちゃんがずいぶん落ち着いておだやかな様子のある日。もうそろそろ眠いころだったので、あきちゃんをベッドに入れ、見守ることにしました。30分くらいだったでしょうか、長い時間、“こうかな？　こっちのほうがいいかな？”と自分の一番いい体勢を探すようにして、一人でコロコロ体勢を変えながら眠っていったのです。もう７月になっていました。

お家ではうつぶせで寝ていたあきちゃん。SIDS（乳幼児突然死症候群）のリスクを考慮し、保育園では仰向けで寝かせられます。寝返りができるようになった７月終わりごろ（５ヵ月近く）には、保育者が仰向けで寝かせても、いつの間にかうつぶせで寝ていたこともあります。寝入ったころに仰向けにはしてきましたが、あきちゃんにはうつぶせが心地よい寝方だったのでしょう。

８月に入りおふとんの上で保育者にトントンされながら寝入っていくあきちゃんは、やっぱりうつぶせになろうとします。そこで、お家から持ってきた小さい枕やバスタオルをクルクル巻いたものをあきちゃんの横において抱き枕のように抱かせるようにすると、落ち着いて眠れるようになりました。そして今は、自分で寝た時も仰向けで寝ている時があります。仰向けがあきちゃんにとって気持ちよい寝方になりつつあるのかなと感じています。

どうやったら飲めるかな？

入園当時、あきちゃんを抱いていて保育者は少し違和感がありました。おとなの体にピタッとその身を添わせたり、身をゆだねたりせず、両腕を開いて足もピンとつっぱっています。全体的にかたいのです。あやすとこちらの顔を見てニコニコ笑っていました。２ヵ月になったばかりにしては、ずいぶん反応がいいなあ、きっとお家でたくさん相手をしてもらっているのだろうなと感じさせられました。５人きょうだいの末っ子で、お兄ちゃんやお姉ちゃんに囲まれて、泣くとだれかに抱っこされていたのでしょう。お母さんは、こんなに小さいうちから保育園に預けるのははじめてで、母乳も搾乳したことがなく不安はあるものの、他のきょうだいと同様、母乳で育てることに強い思いをもっておられました。少し哺乳瓶（乳首）に慣れるといいと考え、入園まで短い時間しかありませんでしたが、湯冷ましを飲ませる時にでも哺乳瓶で飲ませて試してみてください、と面談した時にお願いしました。

園では予想通り、乳首に吸いつくまでに30～40分ととても時間がかかりました。飲みだすとまとめて飲めることもあり、乳首に違和感があるのだなと感じました。乳首をあきちゃんの口元に近づけると大泣き。“これじゃない！”と言っているようでした。気分を変えるため縦抱きで抱っこするとすぐに泣きやんで、ちょうど視線の先にある窓の景色を楽しむように見ているのです。今度は飲めるかも、とまた横抱きにして授乳の体勢を取り、乳首を口にあてがうとそれだけでまたまた大泣き。また気分を変えて、と縦抱きにしたり、冷たくなった母乳を温める時間を利用してプラッと廊下を歩いてみたり……そして「さあ、今度は飲めるかな」と横抱きにすると、今度は横抱きにしただけで前以上に大泣き。お腹がすいているはずなのにどうして、と保育者のほうが泣きたくなります。３時間おきの授乳のため、朝７時すぎから夕方６時まで保育園で過ごすあきちゃんは、１日に３回は保育園で飲むことになります。そのたびに大騒ぎ。いつかはきっと必ず飲めるようになる、とは思っていましたが、先に見通しのない「いつか」でした。

「飲ませなくては」から「自分で飲む」へ

飲むたび寝るたびに大泣きのあきちゃん。「気持ちよく寝て、飲む」状態とはほど遠い毎日。保育者の中にもあせりのようなものが出ていました。「こうしたら飲んだ」と保育者間で情報交換をして、なんとかあきちゃんに飲んでもらおうと必死になっていました。「立って飲ませたら飲んだ」とか「軽くゆらゆらしたら飲んだ」などでした。すがる思いで、これを契機に少しでも飲んでほしいという保育者の願いが、かなり変な授乳スタイルになっていました。けれど飲める時も出てきていて、ふとした拍子に急に気分が変わって飲めるのです。「あれ、なんで？」と不可解な保育者を尻目にゴクゴクと飲むあきちゃんでした。

保育者が「今は飲む時」という気持ちを少し脇において、気持ちをリラックスさせて話しかけると、泣き止み目を合わせ“なに？”と耳をすませている様子があって、あきちゃんもリラックスしているように見えました。そのように感じられた時に乳首を口元に近づけると、あきちゃんからパクッと口に含み飲み出すこともありました。そんな時、あきちゃんは保育者にしっかりと視線を合わせ、ゴクゴクと飲みはじめるのです。一時中断して乳首を離したときは、保育者があきちゃんの“ちょっと休憩”の気持ちを認め、しばらくして乳首を口元へ持っていくと、あきちゃんから“今から飲むね”と口に含む……そんなペースを少しずつつくっていきました。これまでは飲ませることに一生懸命で、「あきちゃん自身が自分で飲む」という視点が欠けていたなと思いました。

悪戦苦闘の毎日でしたが、７～８月（４～５ヵ月）には、あきちゃんは着実に哺乳瓶でも母乳を飲めるようになりました。少しずつ時間を空け、今は４時間ごとの授乳です。１回200ccを15分くらいで飲んでいます。体調が悪い時以外は、毎回飲み干しています。

comment　子どもの思いに寄り添ってまずは「なんでも」やってみる

「０歳児の生活リズムづくり」といったとき、読者のみなさんにまず思い浮かぶのは、この実践の中心である「眠る」「食べる」ではないでしょうか。保育園での新しい生活がはじまる中、スッとそれに慣れてくれれば保育者も一安心ですが、なかなかそうはいかないもの。そのような意味で、りゅうじくんやあきちゃんの姿は、決してめずらしいものではないでしょう。

新しいパターンを増やす

では「生活リズムづくり」において、保育園でできることはなんでしょうか。家庭で整いつつあるリズムに、新たな生活の場として園がくわわることを考えると、保育によって可能になるのは、端的にいえば「“パターン”を増やす」ことではないかと思います。

たとえば「授乳」を考えてみます。お母さんがおっぱいをあげるとき、はじめからそれがうまくいくわけではありません。試行錯誤の中で、赤ちゃんの飲もうとするタイミングと、お母さんが働きかけるタイミングとがかみ合うまでには一定の時間がかかります[1]。それが整う、すなわち子どもの行動とおとなの意図そして行動とが一致したときが「授乳の“パターン”」が成立したときだといえるでしょう。このようなパターンは、母乳はもちろんミルクにおいても、またどんな養育者－子ども関係においても成立しえます。ただし、どんな姿勢で、どんなタイミングでなど、パターンの具体的な内容はそれぞれの養育者－子ども間によって異なるはずです。

保育園での授乳は、赤ちゃんにとってすでに成立しているこの授乳パターンに、新たなものをくわえる働きかけだといえるでしょう。“ママしかだめ！”だったのが保育者でもよくなる、“左向きしかダメ！”だったのが右向きでもよくなる、異なる形の哺乳瓶でもよくなる……等々、これまでの“○○でなくてはだめ！”を“△△でもよい”に転換するきっかけづくりこそ、保育によってはじめて実現しうることだと思われます。このようにして保育を通じて新たなパターンが増えるとは、子どもの側からすると、「快」や「安心」へと向かう選択肢がこれまで以上に増えるということです。

一方、保育園に入園すれば新しいパターンが自然と子どもたちに身につくかというと、もちろんそういうわけにはいきません。新しいパターンとは、一般に違和感や不安をともなうものです。乳児保育においてくり返し指摘される「家庭的」とは、この違和感や不安をいかに乗り越えるかに結びつけて考えられるかもしれません。保育において「家庭的」

な環境をつくるとは、物理的な形態を家庭と同じにすることではなく、「子どもが安心して気持ちよく過ごせる」という機能面を家庭と同一にしていくこととして理解できます[2]。

子どもが新たなパターンへと一歩を踏み出す際には、すでにある安心できるパターンを支えにすることが必要です。この実践にあるように、「家庭での生活に沿う」ことは、新たなパターンをつくるにあたって欠かせない手がかりとなるでしょう。「家庭に沿う」働きかけとは、単に「家庭と同一の環境をつくる」ことをねらいに行われるのではありません。それははじめの一歩を踏み出す手がかりとして家庭におけるパターンを用いつつ、最終的にはそれをこえ、新たなパターンを創出していくための働きかけとして意味づけることができます。

子どもに合わせることで一歩すすめることも

０歳児の「生活リズムづくり」において、家庭と園の連携が重要であるとたびたび指摘されます。それは「園のリズムを家庭のそれにそのまま合わせる」ことでも「園のリズムに子どもを慣れさせる」ことでもなく、その子に可能な手だてを探りながら、生活のパターンを広げていくということです。**実践①**では、家庭での様子や他の保育者の取り組みをていねいに聞きながら、りゅうじくんが「気持ちよく寝つける」ために保育者がさまざまな手だてを試みていました。また**実践②**からは、「子どもにふり回されているのでは……」と保育者が悩んだり、あせったりしながらも、「寝かせなくては」という働きかけから一歩離れ、あきちゃんの思いを受け入れたときに、これまでにはなかった“パターン”が新たにめばえたことが読み取れます。

具体的な保育を考えると、「子どもに合わせる」、たとえばあきちゃんの実践にある「抱っこをして寝かせる」働きかけは、それを「クセ」にさせるのかも、と子どものパターンの固定化へと結びつくことを危惧する方もいるかもしれません。しかしこの実践からは、「子どもの思いに寄り添い、合わせる」ことは、子どもとの関係をさらに一歩すすめる可能性をもっているのだと学ぶことができます。くせづけではなく、子どものパターンを広げるという見通しをもち、そのきっかけとして「子どもに合わせる」というアプローチを意識することは、結果的に保育者と子どもの関係を「うまく」整えていくことにつながると思われます。０歳児保育においては、ことばを通してのやりとりが十分に機能していない分、実践にもあるように、保育者の「寝せなくては」「食べさせなくては」などのあせりの気持ちがそのまま子どもへ伝わり、それを感じた子どもも拒否の行動を示すという悪循環に陥りやすいことを理解しておく必要があるでしょう。

同じ山をのぼる登山道がいくつかあるように、生活リズムづくりに至る道は一つではありません。目の前の子どもにどのような手だてが可能なのか、どのやり方でそれを実現するか。保育者間で対話を重ね、「なんでもあり」ではないけれど、子どもの安心を引き出す手がかりとして、まずは子どもの思いに寄り添ってなんでもやってみて、それをまた対話の中でふり返ることの大切さが、この実践からは学べるのではないかと考えます。

さらにこの実践からは、これまで述べてきたこと以外にも二つ、学ぶべき点があるように思います。一つはりゅうじくんの実践にある、なかなか寝つけない子どもをなんとか「寝かせよう」とがんばるのではなく、あそびの充実から結果的に睡眠も含めた生活リズムづくりにつなげていくという取り組みです。睡眠・食事などの生理的な観点が強調されることの多い生活リズムづくりにおいて、それ以外の観点からアプローチすることの重要性については、次節の実践ともつながるので、そちらでくわしくみていくことにします。

またもう一つは、りゅうじくん・あきちゃんのいずれの実践にも、「うまくいったこと」だけではなく、保育者が悩んだことや、それをどう乗り越えてきたかが率直に、そしてていねいに述べられていることです。自らの思いを実践に書き込むことは、人によっては躊躇することかもしれません。しかしながら読み手の共感を生みやすいこのような実践の書き方は[3]、保育者同士が有意義に対話して保育実践をすすめていくうえで、不可欠なものです。これから実践記録をまとめようとするみなさんはもちろん、実践を束ね、評価する側のみなさんも、実践をまとめるうえで、このようなやり方をぜひ参考にしていただければと思います。

column 1　クラス編成と保育環境づくり

保育園のなりたちから
——小集団での保育にこだわって

第一そだち保育園は、1974年に産休明けから１歳児までの30名定員の乳児園として開園しました。当時は２部屋で過ごしていましたが、その後増改築しながら０歳児12名１部屋、０・１歳児８名１部屋、１歳児10名１部屋の計３部屋で保育してきました。ロッカーで部屋を仕切るなどして、できるだけ小集団で落ち着いて過ごせるようにと工夫してきましたが、できれば０歳児は〈子ども３：保育者１〉の２グループぐらいで区切れるようにできるといいねと言っていました。

そんな中、建物の老朽化にともない園舎の建て替えを行うことになり、同時に定員を45名に増員し、１歳児27名、０歳児18名を受け入れることになりました（現在はそれぞれ24名、21名）。建設委員会を立ち上げ、クラス編成や部屋の使い方なども平行して論議しながら園舎づくりをすすめてきました。

月齢に合った集団づくりと、途中入所を受け入れる柔軟な体制づくりを大切にしようと他園を見学し参考にしたりしながら話し合いを重ねました。とくに０歳児は毎月のように入所があり、年度の途中でクラスが増えていきます。また、どの月齢が入所してくるかわからないため、部屋を扉で区切ったり広げたりできるようにして、できるだけ小集団でゆったり過ごせるようにしたいと考えました。

大きな部屋に、扉で仕切りをつけ、〈子ども６：保育士２〉の３クラスで過ごせるようにしました。現在では定員をこえての入所があるため、０・１歳児混合クラスを設けることと、０歳児保育室を１部屋増築し、小集団にこだわり続けて保育を行っています。

クラス編成にあたっての工夫
——途中入所の多い特徴をふまえて

年度途中で子どもが増えクラス数も増えていきますが、保育士の雇用に対する自治体からの予算配分は４月の在園児数で行われます。そのため、正規職員は各クラスに１名しか配置できず、非正規職員とペアでクラスを担当することになります。そうすると、各クラスのチーフは正規職員になるため保育経験３年目でもチーフという役割を担うこともめずらしくありません。状況によっては、２年目でチーフということもありました。

１クラスあたりの人数が大きい園では、はじめての０歳児担当でチーフということはあまりないと思います。第一そだち保育園は以上のようなクラス編成を行っていることから、“保育士３年目、０歳児はじめての担当でクラスチーフ”ということがあり、「はじめてだらけでドキドキした！」「やらなくちゃ！　とあせってしまった」という実践がよく登場します。それだけに、『クラスだけで悩ませない』『クラスは違っても、みんなで一緒に保育を考えていく』ことができるよう、職員会議や０歳児担当者全員が参加するクラス会議、ビデオ研修などで話し合う時間を大切にしています。

資料　ある年度の０歳児クラス編成

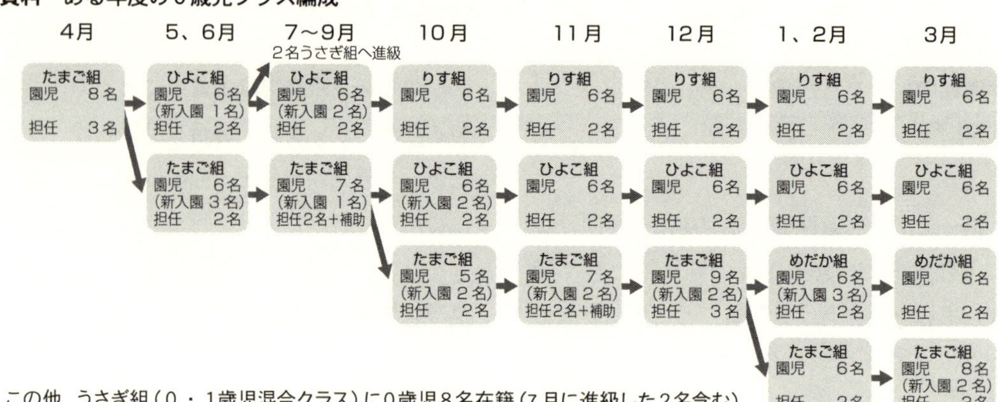

保育環境づくりにあたっての工夫

――保育者の創意工夫を大切に

保育環境も、「子どもも保育者も安全で楽しく過ごせる」ことを大切に、毎年改善を重ねてきています。それぞれの会議で話し合われると同時に、「施設担当者会議」を毎月開催し、「こんなふうなコーナーが欲しい」「こんな棚が欲しい」などの意見を持ち寄り、検討し実現できるようにしています。

小集団で過ごせる部屋のつくりは保障されているものの、扉が多いため壁面が少なく、おもちゃの常設がむずかしい環境になっています。「必要な時に保育者がおもちゃを出してあげる」ようにしていたこともあり、そのような設定になっていました。最近の会議では、０歳児にとっても、好きな時に好きなおもちゃを自分で手に取り遊べる環境の大切さが確認されています。おもちゃが常設してあることで「あそこにいったら、いいものがある」と、目をキラキラさせてハイハイしていく子どもたちの姿がありました。子どもたちの「期待・意欲」を大事に育てたいという願いと、この姿が一致しました。それぞれのクラスの工夫として反映させていきたいところです。

また、発達に合ったおもちゃ・手にふれて心地よい素材にもこだわっています。市販のおもちゃは、毎年春に木のおもちゃなどを多く扱っているお店を職員２～３人で訪ね、「これは子どもたちが喜びそう！」と選んで購入したりしています。

市販のおもちゃでは物足りない、「こういうのが欲しい！」と感じることもしばしばです。そこは手づくりおもちゃが活躍しています。担任が時間をみつけて作成することもありますが、それではなかなかすすみません。そこで、作業コーナーと作業依頼ボードをつくり、手の空いた職員がいればだれでも作成できるように工夫してします。工夫するおもしろさを知ると、おもちゃだけでなく部屋の工夫にも目が行きます。壁面装飾やモビールなど、「ホッとできる空間」づくりとともに、子どもたちが見て「あ、これ知ってる」とうたやあそびと結びつき、生活をより楽しめる工夫も大事にしています。　（中村真理）

資料　たまご組保育室内のおもちゃコーナー配置図

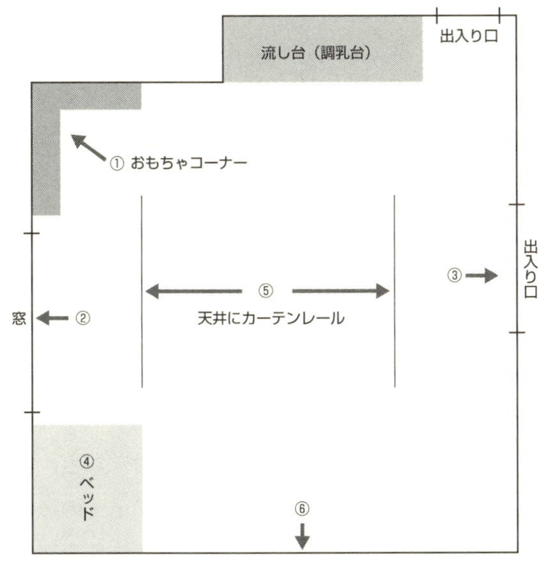

①　牛乳パック製の台を用いておもちゃを配置（下写真、上段左）

②③　手前にある柵におもちゃをつけたり、ぶら下げたりする（下写真、下段左・中）

④　ベッドの下の空間を利用しおもちゃをぶら下げる（下写真、上段右）

⑤　天井にカーテンレールを設置して吊りおもちゃを配置（下写真、下段右）

⑥　壁面は全面つくりつけの扉つき収納棚

column 2　心地よい生活リズムづくり

家庭の生活があって入園してくるので、月齢や発達に合わせて心地よいリズムへと整えていき、**資料**の表にあるリズムへと近づけていくことを目標にしています。ただし、すべての子が心地よく過ごせる同一のリズムがあるわけではなく、また、すべてが“表”通りにいくわけではないので、表にとらわれすぎないように、あくまでも目安として使用しています。まずは「眠る」「食べる・飲む」「遊ぶ」など、一つひとつの活動を気持ちよくできることを大切にしています。

個々の様子に合わせて臨機応変に対応していくのですが、ダラダラと寝たり起きたりと不規則な過ごし方になりすぎないようにも気をつけています。メリハリのある生活リズムをおとなが意識して整えてあげることも必要で、しっかり目覚めて、快い空腹感を感じてからミルクへと向かえるようにしています。快・不快をしっかり感じられることも大切にします。

生活全体のリズムをつくる

睡眠においては、気持ちよく２時間ほどぐっすり眠れることが理想ですが、長さより質のよい睡眠を大切にしたいと思っています。心地よい雰囲気の中で、気持ちよく眠りにつくことができると、ぐっすり長く眠れることがあったり、逆に、寝る前のぐずぐずなど不快な気持ちを引きずったまま眠りにつくと、ちょっとしたことで目覚めたりして、目覚めもスッキリしないことが多いようです。眠くてグズグズ……もう限界！　で眠っていくのではなく、できれば、少し気持ちを落ち着かせてから寝かせたり、“なんか眠くなってきたぞ”というところで気持ちよく寝かせてあげたりしたいなと思っています。また、「睡眠」「食事」「あそび」の１つでも崩れると、他にも影響してしまうので、「睡眠」なら「睡眠」だけの問題としないで、生活全体で考えることを大切にしています。

基本的には、表と照らし合わせながら、目覚めた時間から“○時間起きて※、その後２時間寝る”と計算して、次に寝る時間を確認しているのですが、個々の様子に合わせて、「なんかグズグズ言っているなぁ……。午前の睡眠が短かったから早く眠くなってきたかな？」「お家では夜に何回も起きてあまり眠れてないみたいだね」などと、午前中や家庭での過ごし方も見ながら、早めに寝るなどして対応しています。まずは一日の中で心地よく過ごせる時間を少しでもつくり、そしてその心地よい時間を少しずつ増やしていくことを大切にしています。

環境を工夫する

０歳児クラスは、月齢の差もあり、一人ひとり違う生活リズムで過ごしているので、寝る時間、目覚める時間はさまざまです。寝ている子もいれば、遊ぶ子も、ミルクを飲む子もいて……と、同じ空間ではお互いに心地よい時間が過ごせません。できるかぎり、空間を分けて過ごすようにしています。廊下も部

資料　基本の日課

日課とは、基本的な生理状態と体の要求を正しく組み合わせること。この日課を目安に、家庭でどう過ごしてきたかと、その日の子どもの状態に合わせそれぞれ対応する。

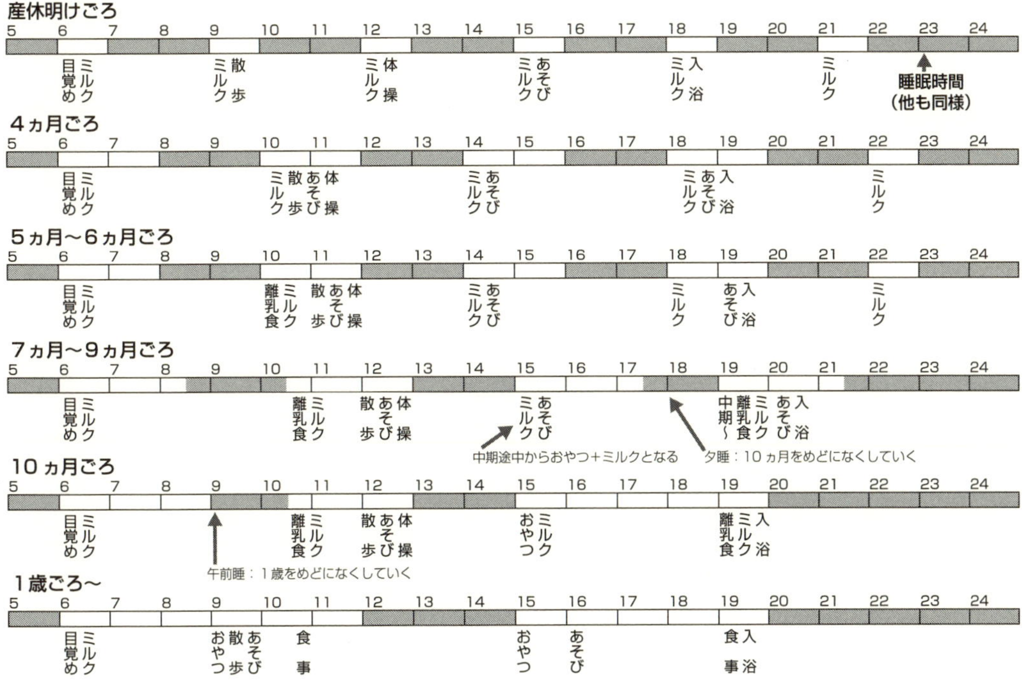

屋として使ったり、カーテンやタンスなどで部屋を仕切ったりして、寝る空間・遊ぶ空間・食べる空間を分けています。子どもの状況によってはむずかしいこともありますが、寝る子にとってだけでなく、それぞれが心地よく過ごせる環境を探りながら整えていっています。

心地よく寝られるように、明るさ・音・人の動きを考慮しながら、ベッドやふとんの置き場所を変えるなどの工夫もしています。まわりを保育者や子どもが通ることで落ち着いて眠れないという場合は、なるべくまわりを人が通らないところへ。寝返りができるようになるまではベッドを使用し、できるようになったら、安全のため（転落するといけないので）床にござを敷きその上にふとんを敷いて寝るようにしていますが、ベッドのほうがよく眠れる場合には、寝返りができるようになってからも、安全はしっかり確保しながら、しばらくベッドで寝ることもあります。

（久保理恵）

※何時間起きているかは月齢によって違う。

例　産休明けごろ→１時間

４～６ヵ月ごろ→２時間

７～９ヵ月ごろ→2.5時間

10ヵ月をめどに、夕寝を減らしていく

１歳くらいをめどに、午前中の睡眠を減らしていく→１回睡眠になる

② 泣きもいろいろ

自ら思いを出していく"主体"として

０歳前半

「基本的生活活動・日常的生活活動」を支える実践として次に紹介したいのは、０歳児の「泣き」にかかわる保育実践です。０歳前半児の「泣き」に対しては、「眠い」「おしっこ・うんち」「おなかすいた」などに代表される、生理的な要求とからめて解釈されるのが一般的な見方でしょう[4]。活動のパターンを広げ、生活リズムを整えつつあるこの時期**(→コラム②)**、泣きの多くはそのような観点から理解できるものと思います。しかし一方で、この時期、生理的なものに起因する「不快」以外の泣きが徐々にめばえてくることも確かです。０歳前半児の「泣き」の特徴をどのようにとらえ、心地よい身体性と安定した居場所を保障することにつなげていけるのか、次の実践をもとに考えていきましょう。

実践　生活リズムづくりに向けての試行錯誤

伊藤眞知子・永井淑子・青木美月・勝地明日香

４月ごろ、ゆうとくん（４ヵ月）は寝つきがあまりよくなく、眠っても30分で起きてしまったり、一度目が覚めるとなかなか眠れませんでした。肌がカサカサでかゆくて目が覚めたり、眠る体勢がしっくりこなくてイライラしていることが多くみられました。なんとか眠ってほしいと思い、頭や足にタオルを敷いて体勢を安定させたり、抱っこやトントンで30分以上寝かせつけることは毎日のように続きました。そして、しっかり眠れないうちに今度はお腹がすいて泣いてしまい、そのままミルク。当然飲んでいる途中には眠くなってしまい、寝ながら飲もうとすることもよくありました。

ちょうどこのころは他の子どもたちも離乳食には入っておらずミルクを飲む子ばかりで、しかも飲むのに30～40分と時間がかかる子が何人もいたため、全員が飲み終わるころにはゆうとくんは眠くなってしまいそのままベッドへ……という感じでした。担任は眠れないゆうとくんのことばかりが気になっていたのですが、これではゆうとくんにとって寝ること、飲むこと、遊ぶことすべてが中途半端でなんとかしなければと思い、一日の生活をトータルに考えていかなければと改めて思いました。そこで、連絡ノートを見返したり、クラス会や他の保育士からのアドバイスの中にあった「起きてしまったら寝かしつけるばかりでなく一度起こして遊んでみては？」「ミルクがしっかり飲めたら眠れるかなあ？」という意見を聞いていろいろ試してみました。

起きてしまい20分ほどトントンしても寝ない時、一度起こして遊んでみました。ゆうとくんはまだ眠いはずなのになぜか機嫌よく遊びます。しかしその後ミルクを飲みながら眠くなってしまい寝ながら飲もうとしたり、遊んだからといってしっかりと２時間眠れるわけでもありませんでした。ミルクがしっかり飲めたらと思い、180～200ccを時間がかかっても飲みきることもしました。その時はその後２時間近く眠れることもあったのですが、やっぱり眠れないことのほうが多かったです。

いろいろ試すうちに、５月中旬（６ヵ月）ごろ、ゆうとくんは寝返りをうてるようになりました。すると、自分で横向きになり気持ちよさそうにグッスリ寝られるようになったのです。２時間ほど眠れるようになり、そのあと起きていられる時間も増えたのでよかったのですが、ゆうとくんは朝起きてくる時間もバラバラだったので、眠れるようになったことで他の子と日課がそろって生活ができるわけではありません。

６月（６ヵ月）になり、離乳食が入ってくるとまた問題が浮上しました。ゆうとくんは家でのミルクを飲む間隔が２時間おきに100ccずつを飲んでいたり、夜中にゆうとくんが起きてしまうたびにお母さんはお腹がすいていると思いミルクをあげたりしていたので、一度の食事で200cc程度飲んでもよいところ、朝100～150ccくらいしか飲んでこられないことがありました。

離乳食が入る前には、起きた時間や飲んできたミルクの量によって飲む時間もある程度ゆうとくんのペースに合わせてこられたのですか、離乳食が入ってくるとそういうわけにはいきません。ゆうとくんは早く起きて飲んできたり、朝飲む量が少ないことで離乳食の時間がくる前に空腹に耐えられず“早くミルクくれー”という感じで怒って泣いてしまい、食べられないのです。

やっぱり生活リズムを整えないことにはゆうとくんは心地よく生活できない。ゆうとくんに心地よくおいしく食べてほしい、心地よく遊んでほしい、ゆっくりとゆうとくんとかかわりたいと思いました。

お母さんにも、「夜中は一度に200ccをあげて、あとの１回は白湯をあげてはどうか」と提案したり、「○○したら飲んだよ」「○○したらよく寝たよ」など、園での様子を伝えていきました。お母さんも少しずつ試してくださり、家でのリズムが整うと園でもよく食べられたり、遊べたり、眠れることが増えていきました。お母さんの家での挑戦も長くは続かないので、園での様子と手だてについて粘り強くやりとりしながら今に至っています。

「泣く」のは「眠い」から？

ゆうとくんは、今まで機嫌よく遊んでいたのに急にすごい勢いで「ギャー」と泣いて、なかなかおさまらないことがよくあります。それは生活リズムが整ってきた９ヵ月の今でもあります。

生活リズムがやっと少し整ってきたのになんでスッキリしないんだろう？　でも、整ってきたといっても、できたりできなかったりのくり返しだから結局のところよくわからない。すごく悩みました。なかなかゆうとくんの気持ちがわからず、「おもちゃが落ちちゃったからかなぁ？」「もう眠くなったのかなあ？」など、手探り状態。「今は○○だったね」とわかったときには、ゆうとくんも落ち着きを戻せることもあったので、もっとゆうとくんの気持ちがスッキリできる回数を増やしてあげたいと思いました。

まだ寝る時間でもないのに急に泣き出して、怒りながら寝てしまうこともありました。それまでもこんなことがよくあったので“なんでかな？”と思いながらも、「これがゆうとくんのリズムなのかもしれないね」とも保育者間で話したりしてきました。

しかし最近、“これが本当にゆうとくんのリズムなのかな？”と思うことがあります。４、５月（４～５ヵ月）ごろ、全員にミルクをあげるのに時間がかかって、またゆうとくんのリズムが他の子とずれていたことで、なかなかゆっくりとかかわれなかったり、泣いてもすぐに抱っこしてあげられないこともありました。今思えば、あのときの「ギャー」という泣きは眠くなったことを言っていただけではなく、“はやくなんとかしてよ～”“だれかぼくにかまってよ～”と言っていたのかもしれません。そのゆうとくんの“訴えの泣き”を保育者が眠いと勘ちがいして寝かせてきたことで、ゆうとくんの思いをモヤモヤのまま、わからなくさせてしまっていたのかな、と思ったりします。そして、それが今でもゆうとくんが不快を感じたときに、何がイヤだったか、その理由が自分自身よくわからなくなり、うまく気持ちを切り替えることができずに「ギャー」という泣きになってしまったのではと考えたりしています。

これまで、ズルズルと泣いてしまうのは日課がなかなか整わないせいだと思ってきた部分が大きかったのです。しかし、ゆうとくんを主体として考えたとき、表面的に生活リズムが整っていることだけをみるのではなく、人とのかかわりや受け止められている満足感など気持ちの面でのメリハリも含めて生活づくりをしていくことが大切だと感じました。

自らかかわっていく力を育てるために

この実践記録をまとめる時、担任間で話をして気づいたことは、子ども一人ひとりの主体性を引き出す保育をしていくうえで、生活やあそびなどいろいろな場面で子どもと一緒に共感しながら“遊んだ”“楽しかった”という実感を積み重ねていくことが大事だということです。この「実感」というのは二つあって、一つ目は、行動（動き）の実感で、今自分がしていることがわかるということです。

二つ目は、“○○したね”“楽しかったね”などの気持ちの実感だと私たちは考えました。“今、○○をするぞ”と子どもが思ったそのときに、その気持ちが共感されていないと、“やった”という気持ちが流されてしまうかもしれません。遊ばされているのではない。気持ちがあるから○○できるようになる。自分がしていることがわかる、そして

“できた”“気持ちがいい”などの達成感から“また、やりたいな”“もっと、やりたいな”という気持ちがめばえるのではないかと思いました。日々、保育者とふれあい、おとなとかかわっていく中で、そんな達成感を味わうことをたくさん経験していくことが心のばねとなり、主体性はできていくのだと思います。

comment　手がかりは生理的な側面以外にも

この実践記録にはもともと「主体性を引き出す保育って？」というタイトルがついていました。０歳前半の、まだ自分の力で生活リズムを組み立てることもままならない子どもの「主体性」とは、具体的にどのような姿をさすのでしょうか。また、保育の中でそれを引き出していくためには何がポイントになるのでしょうか。

０歳前半期の生活リズムづくりは、必ずしもどの子どもにおいても一様にすすむわけではありません。それは子どもの外界に対する敏感さや、体の大きさなどに影響を受けつつすすんでいきます。この実践に登場するゆうとくんは、どちらかといえば安定した生活リズムをつくるのに時間のかかるタイプだと考えられます。さまざまな働きかけを工夫する中で保育者が思い至ったのは「泣き」の様子でした。「眠いのかな？」と考え働きかけてみても、なんだかすっきりしない、生活リズムが整っていないからかな、と考えたのに、それが徐々に整ってきても急な泣きはおさまらない……そんな様子から気づいたのは、“かかわってほしい！”“かまってほしい！”などの、生理的な原因以外のいわば「思いを訴える泣き」があるのでは、ということだったのでしょう。

このことは、前節冒頭に登場したりゅうじくんの実践 **(→58ページ～)** にも通じるものがあります。なかなか眠れないりゅうじくんに対し、“眠れなくてはしっかり遊べないし生活リズムもできない。だからなんとか寝つかせなくては！”という発想から離れ、まずは起きているときのあそびの充実を大切にかかわったことは、結果として安定したリズムづくりにつながりました。両者に共通するのは、生活リズム形成の鍵となる生理面・身体面の問題を考える際、「子どもの思い」という別の軸を立ててアプローチしていることです。

「泣き」は確かに、ほとんどの場合は不快な状態をあらわすものでしょう。子どもと向き合うにあたっては、それを受け止める当事者として苦しさが感じられて当然だと思います。この時期の子どもの泣きに対し、「おなかすいたかな」「うんち出たかな」「眠いのかな」など、不快を引き起こしているだろう生理的な原因を探り除去しようというアプローチはたいていの場合有効です。しかしながらゆうとくんのように、生理的な側面からのアプローチだけでは解釈できないケースも確かに存在します。このとき、「生活リズムづくり」や「体づくり」という面だけに心奪われてしまうと、そのときの働きかけは“なんとか寝せなくては”“食べさせなくては”といった質のものになりがちです。リズムができにくいとき、そこには子どもなりの理由が必ずあります。“なんとか寝せなくては”のような働きかけは、なかなかそうはできない子どもに苦しさをもたらすと同時に、保育者にも子どもとのかかわりにさらなる苦しさをもたらすのではないでしょうか。

生理的な水準での不快の除去による「安定・安心」のみを目指すのではなく、０歳前半期の子どもも「自ら思いを出していく存在」として理解を試みることは、子どもへの新たな働きかけへと結びつきます。「泣き」について言えば、それは子どもから養育者へのなんらかのメッセージがこめられている可能性があるものとして理解することではないでしょうか。

この時期の子どもは、自らの思いを実際にことばとして伝えることがまだできません。しかしながら子どもの「思い」を読み込もうとする視点からは、ことばはなくとも子どもに「聞いてみる」、さらにはこの実践のように「あそびの充実」という点からそれを理解し、生活リズムづくりへ広げていくというアプローチが成り立ちます。さらにこのことは、「泣き」にどう向き合うかという水準をこえて、子どもの「主体性」を引き出す保育へとつながっていくでしょう。

一方、生活リズムに個人差の目立つこの時期に子どもの「主体性」を引き出す働きかけを実現するためには、子どもの思いを受け止められるだけの保育条件の充実が欠かせません。ゆうとくんのように、他の子どもたちと生活リズムがどうしてもずれてしまう子どもの思いを受け止め保育を展開していくためには、現行の〈子ども３：保育者１〉の最低基準で十分と言えるのかどうか、さらなる検証が必要です。そうした視点から保育体制をふり返り、子どもが豊かに育つために必要な条件を広く社会に伝えていくことも大切ではないかと思います。

column 3　楽しい食事――離乳食のすすめ方

食べることを心地よく感じられるよう、第一に落ち着いて楽しく食事に向かえるような雰囲気づくりを大切にしています。保育者と一緒に“おいしいね”“おなかいっぱいだね”などと喜びや満足感をたっぷり感じていく中で、“おいしそう”“食べてみようかな”“食べたいな”“もっと食べたいな”という意欲へとつなげていきたいと思います。

心地よく食べるために

基本は、離乳食のあとにミルクを飲むという順番です。心地よくミルクを飲んだり、離乳食を食べたりできるなら、順番を変えることもしています。離乳食の全量を食べられることが目標ではなく、離乳食の間は、ミルクでの栄養摂取が基本なので、途中で離乳食を嫌がって食べられなくても大丈夫。ミルクを飲んだあと、また離乳食に戻って食べることはしていません。食べている途中に“これは嫌だよ～”と泣き出すこともありますが、できるだけ好きなものでしめくくってあげられるようにしています。“おいしかったね”でしめくくり、食事の時間が楽しく心地よく終えられるように心がけています。

また、食べることだけでなく、姿勢・イスにも気をつけています。自分でしっかりとイスに座れるようになるまでは、特注トッター**（→83ページ写真）**を使用しています。座位が獲得できるまでは、トッターを斜めにして前に机のない状態で、保育者とゆったりと向かい合って食べられるようにします。座れるようになったら、トッターを直角にして前に机を置いて食べるようにしています。家庭で座った姿勢で長い時間過ごすことが多い子や、座った姿勢が好きな子は、斜めの姿勢を嫌がることがあります。その時は、まだ自分で座ることができなくてもトッターを直角にして机を置いてみたり、抱っこで食べることもしています。

なかなかトッターやイスでの座位が安定しない子には、体とイスの隙間にタオルを入れたり、座布団をつくったり、背中にやわらかいマットを敷いたりという工夫もしています。足が床につかず、ぶらぶらして落ち着かない子には、牛乳パックなどを利用してつくった台を置いてみます。ちょっとした工夫でグンと姿勢がよくなり、姿勢が安定したことで食事に気持ちが向き、保育者が「こんなに変わるんだ！」と驚くことがあります。心地よく落ち着く姿勢を探り、気持ちよく食事に向かえるような保育の工夫を大切にしていきたいと思います。

離乳食のすすめ方

離乳食進行表**（資料）**をもとに、個々の様子・食べ具合を見ながら、給食担当者と一緒に考えてすすめていくようにしています。家庭での食事形態、食べ具合も聞きながら、月はじめには、一人ひとりの１ヵ月間の進行予定をクラスごとに表にして給食担当者に渡しています。食べ具合や体調不良などにより、予定通りにすすまない場合もあります。その都度声をかけ合い、給食担当者が実際に保育室の様子を見にきてもらうこともしながら、「もう少し今の形態で様子を見よう」「次の段階にすすめたほうがいいね」などと確認して、一人ひとりの様子に合わせてすすめています。

離乳食をはじめる目安

哺乳反射が減弱してからになります（5～7ヵ月ごろを目安に。哺乳反射があると、固形物を取り込めない）。身体発達として首が座る（首がしっかりしていないと気道に入ってしまうことがある）、腹バイ姿勢で頭と肩を持ち上げられるかどうかもポイントです。おとなが食べている様子を見てよだれをたらす姿を見せるかも確認します。夜にまとめてしっかり眠れ、夜と朝の違いがわかるまでに生活リズムが整っているかどうかは、3回食の開始に向けての目安になります。

離乳時期は新しい味に挑戦するなど、世界を広げていくときです。おかゆや野菜スープの味に安心しながら、他のものの味を知っていくことがねらいなので、全量食べなくてもかまいません。まずは気持ちよく食べられること、保育者との関係をつくることを大切にします。

準備

ミルク以外の味に慣れる、スプーンに慣れる、トッターの座り心地も含めた食事の雰囲気に慣れることを大切にしています。便の様子（下痢ではないか？）や体調・機嫌を見ながら柔軟にすすめていきます。

5～6ヵ月ごろ（ごっくん期）

スプーンを口の中に押し込まないように注意しています。スプーンから自分で取り込んでゴックンできることが大切です。スプーンは、下唇にそっとふれ、口が開くのを待つようにします。

保育者が食べさせるときには、スプーンに食べものを盛る量も気をつけています。いつも同じ食べやすい量ばかりを盛るのではなく、時には、多くしたり少なくしたりして量を変えることもします。子どもが自分でスプーンから取り込むときに、こぼすことも経験しながら、“これはなんだろう？”と考えたり、どうやったらじょうずに食べられるか考えたりすることを大切にしています。

モグモグ口を動かしている様子が見られるようになったら、もぐもぐ期へとすすむ目安です。

7～8ヵ月ごろ（もぐもぐ期）

モグモグしているかな？　丸飲みにしていないかな？　などの様子を注意して見ます。そのとき、たとえばかまずに飲み込んでしまっている場合には、大きめに刻んでもらうようにして、口の中に食べものがあるぞと実感して、なんとかしようと自分であれこれ試してモグモグできるようにと促したりします。小さすぎて飲み込めてしまう場合には、一人ひとりの様子に合わせて大きさを変えています。

この時期には“食べる”習慣が位置づいてきて、食べることへの興味がさかんになり、保育者の持つスプーンや食器、食べ物に手を伸ばすようになってきます。そんな時は、手

資料　離乳食進行のめやす

期・回数	日数目安	時間	スープ	おかゆ	野菜	タンパク	おやつ	ミルクAM（cc）	ミルクPM（cc）
準備	5	10:00	野菜スープ	なし	なし	なし	なし	200	200
ごっくん期（5～6ヵ月ごろ）1回食	5	↓	↓	おもゆ	なし	なし	なし	200	200
	10				トロトロペースト 人参5ｇ　3日間 玉葱5ｇ　3日間 その他野菜5ｇ　4日間				
	6			10倍粥つぶし	ペースト10ｇ 1品ずつ増やす～3品				
	6				3品	トロトロペースト	なし	180	200
	9			7倍粥つぶし	粗ペースト1品～3品				
	9	10:15			粗つぶし　1品～3品				
		10:30		7倍粥	2品＋もぐもぐ食1品	↓			
もぐもぐ期（7～9ヵ月ごろ）2回食	30	↓	汁物	5倍粥	味付け　なし 大きさ　8ミリくらい 柔らかさ　人差し指でつぶれる	ほぐす（様子をみてとろみをつける）	なし	160	200
	30			3倍粥	味付け			160	200
	30			全粥	かみかみ食１品 料理で卵、牛乳が使えるようになる （8か月以降）		午後のおやつ	※2 160→120	おやつを食べたら ※1→160 ※2→120
かみかみ期（～12ヵ月ごろ）3回食	60			軟飯	歯ぐきでつぶせるかたさ ぱくぱく食1品		午後のおやつ	100	100
ぱくぱく期（12ヵ月～）3回食		↓	↓	ごはん	ぱくぱく食		朝おやつ（牛乳100）・午後おやつ	0	0

＊離乳食を始める前にスプーンや環境に慣れるため野菜スープなどを試してみましょう。
＊離乳期に栄養上、必ずしもおやつは必要ありません（朝・午後）。長時間保育、日課などにより入れても良い。
＊午後におやつを食べるようになったらミルクの量を加減しましょう。（※1→160）
＊卵や牛乳をたくさん摂取できるようになったらミルクの量を減らしていってもよい。（※2　160→120/→120）

に持って口に運びやすいスティック状の野菜（キャベツやブロッコリーの芯、にんじんなど）を用意します。“自分で食べたいよ”という気持ちを満たしたり、アグアグとかむ練習をしたりするためです。かむだけでなく、かじりとって食べたい子には、食べることができる食材・固さにして（ぐちゃっとならず、でもかじり取れる固さ）、自分で食べることを促していきます。

このころから、栄養補填というよりも楽しい時間を経験していくということを目的に、午後のおやつをはじめていきます。机が出てきたら“いいことがはじまる”“大好きなごはんだ”という期待の気持ちが育っていくことを大切にしています。

9～11ヵ月ごろ（かみかみ期）

舌で左右の歯ぐきにのせてモグモグ・ゴックンと飲み込めているか、手づかみなどで自分で食べようとするかを見ていきます。

1日の中で一番ゆったり落ち着いた時間に迎える午後のおやつで、とくに手づかみで食べることを保障しています（蒸しパン・お芋スティックなど）。手づかみで食べることで食べる楽しさやうれしさが感じられることを大切にします。

12ヵ月～18ヵ月ごろ（ぱくぱく期）

離乳食だけで栄養をとっていけるように練習する時期です。

この時期のおやつは、1日の足りない栄養を補填するために朝と午後に入ります。牛乳は腎臓の負担を考えて1歳をこえてから飲みはじめます。

このころは、“これなんだろう？”“あっちが欲しい”という姿がだんだん激しくなり、今まで食べていたものも食べなくなったりする様子も見られます。この時期に保育園に入所となる場合、とくに家庭での食生活が食事の姿に影響してきます。それだけに、ときに保育者が悩むことも出てきます。

この時期は「なんでも食べる」が目標ではなく、「あれが食べたい」「これも食べてみたい」という気持ちを育てることを大切にしたいので、嫌がったら無理強いしないようにしています。食べたいものをたっぷり食べ、おいしかったという満足感を積み重ねて、「食べることが楽しい・うれしい」という気持ちをふくらませて次のステップにつなげていきたいと考えています。

（久保理恵）

第2章 「探索・探究する生活」を支える

周囲の環境に驚きや不思議心で働きかけ、探索・探究が展開していく保育実践

1 響き合える仲間とともに
“食べる”からはじまる探索・探究

0歳後半

0歳児保育における生活の柱となる「睡眠」「あそび」「食事」の中でも、0歳代後半にとくにその形式が大きく変化するものとして「食事」をあげることができます**(→コラム③)**。離乳食が本格的に開始されるとは、この時期の子どもにとって単なる「摂食様式の変化」以上の大きな意味をもつでしょう。それは、視覚的にはもちろん、味覚・嗅覚・食感のどれをとってもこれまでに体験したことのない感覚との出会いとなることにくわえ、他者にそれを少量ずつ食べさせてもらう、という対人関係の面からも子どもにとって新たな活動となるということです。それゆえに、スムーズにそこへ移行できる子どももいれば、「なかなか食べられない」「家では食べるが園では食べられない（もしくはその逆)」など、それが新たな困難になる子どもがいるのも無理ないことだと思われます。

子どもにとって新たな活動とは、保育者からすればとくに配慮を必要とする活動ですが、なかでも食事については、それまではなかったスプーンなどを介しての直接のやりとりを含むゆえに、子どもにとっての困難が、保育者にとっても困難として感じられる場合があるかもしれません。私たちはそれをどのようにして乗り越え、子どもにとっての新しい感覚、そして新しい活動という“カベ”を、前向きなものに変えていくための支えとなれるでしょうか。この節では「探索・探究」が展開するうえでの基盤となる環境について、食事場面の保育実践を軸に考えていきます。

実践①　離乳食の開始をめぐる試行錯誤

伊藤眞知子・永井淑子・青木美月・勝地明日香

5月になり、3つ子のりょうたくん・しょうたくん・ゆりんちゃん（8ヵ月）は、早産の影響で修正月齢でいくと5ヵ月くらいということもあったので、離乳食もそろそろと思っていました。が、3人とも体調が悪く、ミルクもまだ200ccをしっかり飲めなかったりで、内臓機能はどうなのかということや、りょうたくん・しょうたくんは首が座りきっておらず、体もまだふにゅふにゅでトッターに座れないだろうということで、なかなか開始できずにいました。

体調が少しよくなってきた5月末、給食担当者も参加するクラス会議で離乳食をいつからはじめたらよいのか相談し、トッターに座れるか、他の子どもがご飯を食べているのを見せたとき、よだれをたらして口をもぐもぐして食べたそうにしているか、などをみてみることにしました。

すぐに試してみると、3人ともトッターにマットを敷くとしっかり座れ、他の子どもが食べているのをじーっと見てよだれをたらしていたのです。これまでも、「おとなの食べている姿を見てもぐもぐ口を動かして欲しがる」「よだれがたくさん出てくる」などを離乳食開始の目安**（→コラム③）**にしていて、おうちでの様子を聞いて“そろそろかな”と判断したことはありましたが、実際に園で試してやってみたことがなかったので、本当によだれをタラーンとたらしたのにはびっくりした保育者でした。この姿を目の当たりにして、離乳食をはじめても大丈夫そうだなと実感することができました。

離乳食を6月からはじめてみて、3人ともほとんどスープをこぼさずに飲んでいたり、スプーンを自分でつかんで口に持っていったりしている姿を見て、もう少し早くはじめてもよかったかもしれないなと、あとから考えて反省しました。体調のこともありましたが、保育者の不安が先行してしまったと思いました。

photo　友だちと一緒の食事の時間

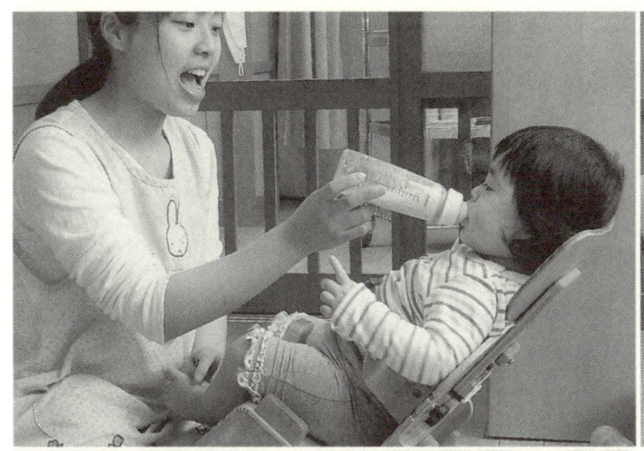

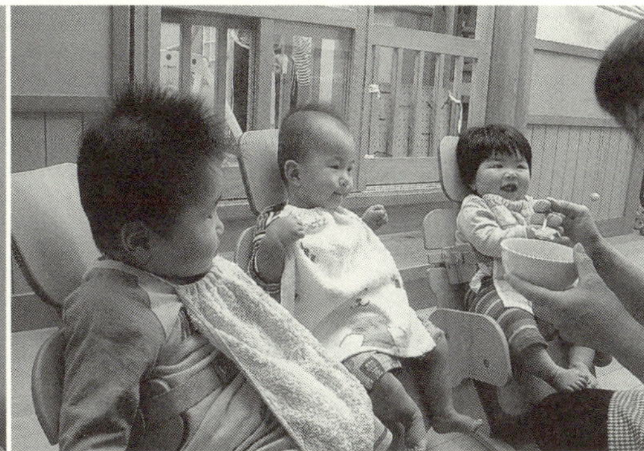

上左　“この角度がちょうどいいの”
　　　ミルクや離乳食時に活躍するトッターは、“かて工房”（滋賀県）と一緒に開発した特注品。背もたれの角度が変えられ、股部分に支えと腰部分にベルトがついている
上右　離乳食は食べきることよりも、“楽しくおいしく”を大切に
　左　友だちがいるとおいしいから不思議

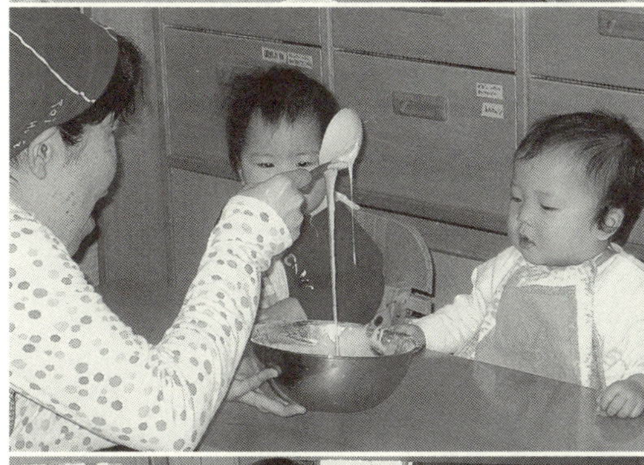

上左　トローリ……何ができるかな？
　　　“期待する心”は、目の前に「食」がある環境でこそ育まれていく
上右　おっ！　アンパンマンの顔だ！
　　　“ハッ”と心が動く食事の時間を大切に
　左　今日はせっせとお手伝い

実践②　なかなか食べられない姿から

永井淑子・橋本洋子

まさきくん（6ヵ月）は8月後半から離乳食をスタートし、9月（7ヵ月）にペーストを食べるようになりました。しかし、味が嫌なのか感触が嫌なのか、ペーストを「べぇー」と出したり、口をつぐんだり、ミルクが欲しくて泣くこともありました。その都度、ペーストをスープで薄めて食べやすくしてみたり、ミルクを先にあげてからまた離乳食を食べ直したりしてきました。

すると、ペーストをしゃびしゃびのスープ状にすると食べられましたが、形態がペーストに近づくとまた「べぇー」と出していました。それでも、保育者もテンションを上げて「おいしいね～」と雰囲気を盛り上げて1対1で食べさせると、顔をゆがませながらも食べ、ミルクを途中で欲しがって泣いても、ミルクを飲むとまた食べていけることもありました。

10月（8ヵ月）になり、少しずつペーストが食べられるようになってきたところで体調を崩し、また食べられない姿に戻ってしまいました。このころは初期食でしたが、少しでも何か食べられるようになってほしい、食事の時間を楽しい時間に感じてほしいと思いました。そこで、ペーストの感触が嫌なのかもしれないと考え、中期食1品にしてもらい、野菜の刻みを食べてみることにしました。また、スープは飲めていたということもあり、具が入っている中期食のスープも入れてもらったところ、まさきくんは嫌がらずにスープも具も食べていました。

野菜の刻みのほうは、11月（9ヵ月）ごろから、少しずつモグモグと口を動かして食べる姿も出てきました。また、手で持てる大きさの野菜を見せると“コレは何かな？”とじっと見つめる姿がありました。

12月（10ヵ月）になり、野菜スティックをあげてみると自分から手で持って食べる姿がありました。そこで興味のあるところから食への関心を広げてほしいと思い、おやつに煮りんごを入れてもらいました。煮りんごはとてもよく食べましたが、何日かして他の子どもが違うおやつを食べているのに気がつくと食べなくなり、他の子どもが食べる姿をじっと見ていました。

そして、今度はおやつを2品にしてもらうとまた食べるようになりました。12月後半になると、自分からお皿を引き寄せて手を出して大胆に食べる姿が出てきました。その姿を見て、いろいろ手だてを立てていく中で食べるという経験をくり返した結果、まさきくんはやっと“今自分は食べているんだ”ということに気づいたのではないかと思いました。それ以降、他の子どもが食べているものを欲しがったり、食べて笑顔がこぼれたりする姿があり、食への意欲が広がってきています。

comment　じっと見つめる先にいる友だちの存在

「探索・探究」ということばは心地よい響きがしますが、その第一歩を踏み出す０歳後半児にとって、新しさとの出会いには当然不安がともなうことでしょう。この時期の子どもが不安を乗り越え、これからさらに「探索・探究」を展開させていくためは何が鍵となるのでしょうか。

実践①のりょうたくん・しょうたくん・ゆりんちゃんは、早産の影響もあり、離乳食の開始時期をなかなか把握しにくい子どもたちでした。そのような中で、座位の安定にくわえ、他児の食べる姿を目にしたときの反応を手がかりとして、結果的にはスムーズに離乳食を開始することができました。また**実践②**のまさきくんは、離乳食を開始はしたものの、なかなかそれをスムーズに受け入れることができませんでした。そこで食材の形を変えるなど、給食室との密な連携の中でさまざまな工夫が試みられました。そのようなプロセスを経て、手で持った野菜や他児が食べる姿をじっと見つめるなど、これまでと異なる姿をみせはじめたまさきくんは、その後食に対して積極的に意欲を示すようになり、顕著な変化を見せました。

２つの保育実践に共通するのは、まわりの友だちの“食べる”姿を目にしたことが、食に対するポジティブな姿勢へとつながる契機となったということです。目の前にいる同じくらいの月齢の友だちのふるまいに惹きつけられて、同じ行動が引き出されたのだと思われます。保育園ならではのこのような様子は、子どもにとって変化のきっかけになるのはもちろん、**実践①**にあるように、おとなにとっても子どもへの働きかけを変えていく目安になりえます。

第Ｉ部でも述べましたが、保育園という場の大きな特徴は“そこに他児がいる”ということです。１歳後半期以降のように、他児の姿を頭に思い浮かべ、そこから意図的に模倣をしていくわけではなくとも、他児の存在は、探索・探究にともなう“カベ”を乗り越える鍵になると思われます。

０歳後半の子どもたちが、目の前のモノにすぐに手を伸ばしたり、それを口に入れたりするのではなく、“じっと見つめる”姿は、少し距離をおいてその対象を判断しはじめたことのあらわれとしてとらえることができます。つかもうとする「手ざし」から「指さし」への発達がこの時期に引き続いて訪れるのは、その結果、対象の意味づけが「つかむ」ものから「相手に伝える」ものへと移行したことを示すのでしょう。**実践②**において、野菜をすぐに口へと持っていかず、じっと眺めたまさきくんの姿は、この観点から理解できます。その後のまさきくん、それまではよく食べていたおやつが他児のものと違うと気づいたとき、それを食べずに他児をじっと見るようになりました。そして後に再びおやつを食べはじめたまさきくんの一連の変化は、まわりの子どもの姿に目が向いたことによって引き出されたと理解できるでしょう。

改めてまとめます。徐々に思い通り動くようになる自らの体を使って、探索・探究を積極的に開始した０歳後半の子どもの「じっと見つめる」様子は、それまでとはもう一段異なる水準で探索・探究が展開するきざしとして考えられます。したがって、**実践②**での「手で持てる大きさの野菜を見せる」工夫のように、子どもの「じっと見つめる」姿を引き出すための働きかけがこの時期には効果的だと思われます。さらに保育園の環境では、その「じっと見つめる」先に友だちの存在を想定することができます。ここから考えると、この時期の園生活は、子どもの探索・探究をさらに豊かにする可能性を持った場となっているはずです。

もちろん、このような探索・探究の姿は食事場面にかぎったことではありませんが、この時期の子どもにとって、こと食事にあたっては探索・探究にともなう“カベ”が端的にあらわれると考えられます。子どもがそれを前向きに乗り越えるための支えとして必要になるのは、食事を「離乳食の導入」という実践として独立させるのではなく、広い意味での探索・探究活動に位置づけてとらえることです。離乳食の導入において「なかなか食べられない」のは単に食事のみの問題ではなく、探索・探究へと足を踏み出した子どもの不安と試行錯誤、そして次への一歩のあらわれであると位置づけたとき、新たな課題が見えてきます。それは**実践②**にもあるように保育者と給食担当者との日常的な連携が、子どもの認識を一歩前にすすめるとともに、その生活を豊かにしていくために不可欠であるということです。そのような意味で、この時期の子どもの「探索と探究する生活」を支えるためにはとくに、施設内に調理室をおき、給食担当者を配置することの重要性を最後に強調しておきたいと思います[5]。

② 気持ちと体、どっちが先？
運動発達を理解し支えるために

０歳後半～１歳前半

０歳後半から１歳前半は、第Ｉ部で述べたように、一般に移動を中心とした運動面の発達が顕著にすすむ時期です。しかしながらそれは、単に筋力や骨格などの身体面が整うことにより達成されるのではありません。このころは認識面の発達も同時に大きく展開する時期であり、実際には両者のバランスの中で運動発達は達成されていきます。おとなからみると、運動面という目につく部分が「できるようになる」ことは確かにうれしいことです。一方で子どもにしてみれば、体が思った以上に動くようになるからこそ、また思うように動かないからこそのもどかしさを感じやすい時期かもしれません。運動発達が大きくすすむこの時期の生活を豊かなものにするための働きかけを、直接には見えない心的発達との結びつきを手がかりとして、次の２つの実践から考えていきましょう。

実践①　動いてしまう体、でもわかっているかな？

永井淑子・橋本洋子

みさちゃん（６ヵ月）は９月の入園当初から、おもちゃで遊ぶことよりも人に興味を強くもっていて、要求もしっかり出しながら生活していました。人とのかかわりはとてもいいように感じました。また食べることが好きでミルクも飲めるし、眠るときもわりと落ち着いて眠っていたので、生活の面でもとくに気になるわけではありませんでした。

10月後半（８ヵ月）になると、みさちゃんはまだ四ツバイもできない状態からつかまり立ちをするようになりました。何かつかまれるものがあれば人でも物でもつかまり立ちします。そのときの表情というのはただ夢中に必死に立っていて、体が勝手に動いてしまうという感じでした。また、食事のときはトッターに座っていて動けないので、ふと表情をみるとポヤーッとしていることが多くなりました。

そこで保育者間で話し合い、マット山や板坂でしっかり這ったあそびができるように設定することや、いないいないばぁあそびをするときもろく木ではなくトンネルを使って、少しでも立たずに楽しく遊べるように考えました。床の上だとすぐに立ってしまっておもちゃで遊べないので、トッターに座って落ち着いて遊んでいくこともしてきました。

また、食事などあそび以外の場面でも、保育者と向き合ってまねを楽しんだりしてかかわる中で、保育者と一緒に「楽しい」「うれしい」を経験し、体が動いてしまうだけだったところに、気持ちをふくらませていければと思いました。

1月（11ヵ月）になっても相変わらずみさちゃんはすぐにつかまり立ちをしていますが、ただ立つだけではなく、立ったときに保育者に“ミテミテ”という視線を送ったり、保育者の背中につかまって「バァ～」と顔をのぞき込ませたりしてつかまり立ちを楽しんでいます。また、床の上でも座っておもちゃで遊ぶようになりました。

実践②　動けるうれしさが心を育む

長江とみ枝・久保理恵・川瀬あすか

4月当初（1歳2ヵ月）、さやちゃんは新しい環境や環境の変化が苦手で、ひとみしりもあり、なかなか慣れていきませんでした。5月に入り（1歳3ヵ月）、保育者やおもちゃとじっくりとかかわって遊ぶと、その後少し落ち着けるようで、ずっと泣いていることはなくなりました。当初よりどころにしていた川瀬保育士のあとを追っていることはまだありましたが、以前にくらべこだわりがなくなってきました。

さやちゃんの運動面は、いざりで前にすすんだり、立たせてあげれば歩いたり、つかまるところがあれば立ちあがったりという感じでした。長江保育士とさやちゃんとの関係ができてきたので、自分で姿勢を変えたりもできるのかな？　と思い、少し介助して寝返りをやってみました。するとまだできず、うつぶせから起き上がれずにいました。少しずつ手を添えながら、いろいろな体の使い方を知らせていき、自分で動けるようにしていってあげたいねと保育者間で話し合いました。

そんなある日、子どもたち数人が出窓**（→89ページ写真）**の外を見て楽しそうにしているのを見て、さやちゃんも手をついてのぼりたそうにしていました。「さやちゃんものぼる？　みんな車を見ているんだって！　さやちゃんも見る？」と声をかけ、少しだけ足を支えると、さやちゃんがのぼりました。「すごいね！　さやちゃんのぼれたの？」と喜ぶと、うれしかったのかニコニコしていました。その出来事を話したところお母さんもうれしかったようです。さやちゃんがおばあちゃんの家の和室との段差を両手でつかまってあがったのを見て、“さやちゃんが園での出来事で少し自信をつけたのかな！”とノートに書かれていました。

photo　体全体を使って遊ぶ

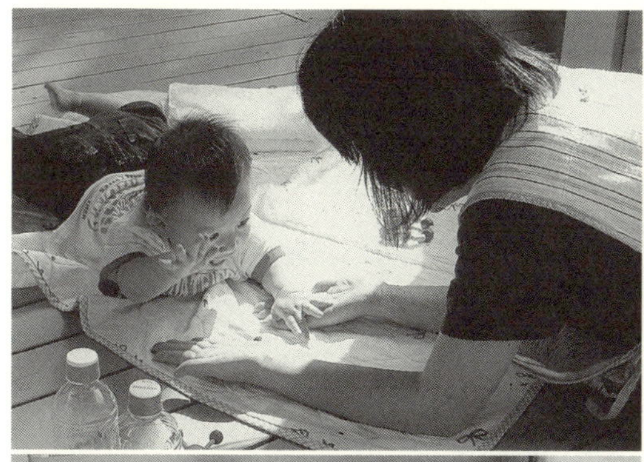

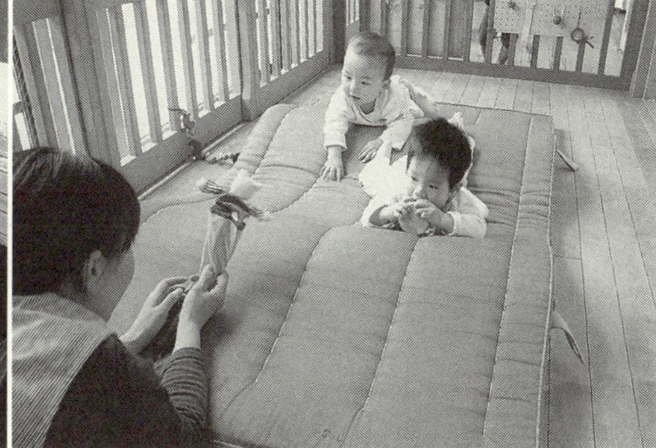

上左　大好きな先生にむかって力いっぱい動ける喜びがあふれる
上右　“あれはなんだろう？”……マット山をこえて行ってみよう
左　廊下の途中にある出窓は、子どもたちの憩いそしてあこがれの場。明るい光が降り注ぎ、外の様子がよく見える。段差は低く広くしている

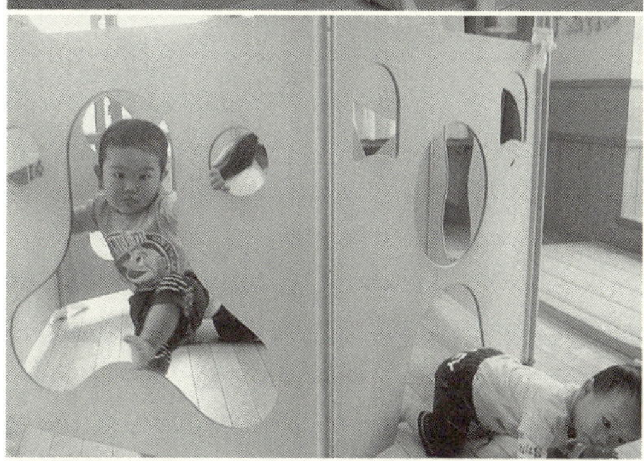

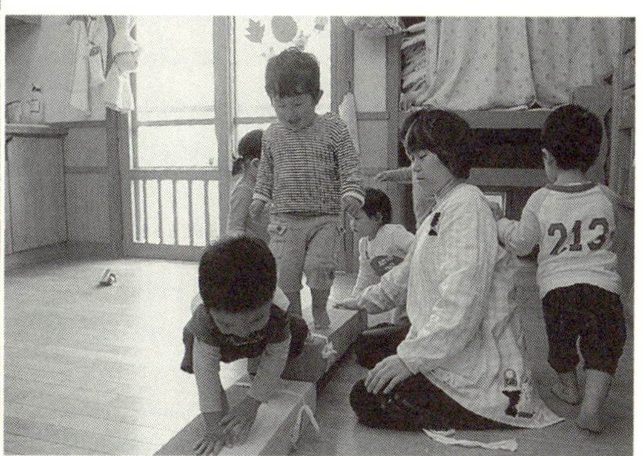

上左　マルチサークル……のぞく、くぐる、追いかける……第一そだち保育園には欠かせない大型の遊び道具
上右　励ましてくれる先生のまなざしを支えに慎重に段差を降りる
左　階段も遊び場……こちらの段差も低く広めに。玄関の吹き抜けをのぞける窓は子どもの身長に合わせて

進級児の受け入れをきっかけに……

さやちゃんは５月に入り（１歳３ヵ月）、園の生活や保育者にも慣れて、自分でおもちゃコーナーへ行き好きなおもちゃを出して遊んだり、保育者とのかかわりでも、楽しい場面中心のやりとりだけでなく、泣いても気持ちを切り替えられる場面がみられるようになってきました。そこへ５月の最終週（１歳４ヵ月）から、ひよこ組（０歳児低月齢クラス）より３人の子どもたちが進級し、保育者も新たにくわわりました。

環境の変化をきっかけに、さやちゃんは不安定になって泣くことが多くなりました。泣きはじめるとなかなか機嫌が変わらず、いっそう泣きがはげしくなってしまうさやちゃんでした。再び川瀬保育士を追うことが多くなって、川瀬保育士も時々その対応にむずかしさを感じることもあり、そこをわかっていて任せていいのか、という思いも他の保育者にはありました。でもさやちゃんが求めているのにあえて引き離すよりは、変わってきたさやちゃんの姿も見られることから、４月のような感じにはならないだろう、困ったときは声をかけ合うようにしていこうね、ということも保育者間で話し合い確認しました。

「気持ちと一緒に体が自由に動く」って？

さやちゃんはいざりで動けるのですが、自分からは立てず部屋の端の壁まで行って立つといった様子です。川瀬保育士を追いたくても、思ったように動けない不自由さもあり、気持ちと体のアンバランスさから不安が増し、余計に気持ちが崩れてしまうのもあるのかなと感じました。体を動かすあそびについては、マット山、マルチサークル**（→89ページ写真）**、テーブルすべり台などで遊んできましたが、泣いていたり、まわりを見ていることが多かったさやちゃんです。５月ごろから散歩の行き帰りの機嫌のよい時に階段のぼりにも挑戦してきました。“自分でのぼりたい”という気持ちを大事にしていきたい、でも保育者の側から一方的に“のぼろうね！”と促すような感じにはしたくないということを職員会議で相談したところ、本人が嫌がっていなければ、また本人がのぼれたことを喜んでいるならばいいのではないか、と言われて安心しました。

６月（１歳４ヵ月）、体調を崩して週末は休み、火曜日に登園してきたのですが、以前の休み明けとくらべて落ち着いていました。自分で床に立つこともできるようになったためか表情もよく、声を出しておしゃべりしていることも多くなってきました。自力で立ち上がり、行きたいところに行けることの喜びも大きいのではないかと思いました。階段のぼりもまだ十分な形ではないけれど、「のぼれたね」「すごいね」と一緒に喜んだり、やる気になっている気持ちを大事にしてきました。

体を動かすあそびを通じて

７月に入り（１歳５ヵ月）、ホールですべり台をして遊びました。前回遊んだときは泣いて遊べなかったのですが、このころになると壁を支えにしながら出窓の段差をのぼり降りしたり、前とくらべるとバランスをとりながら安定して長く歩いたり、歩きながら向きを変えたり、体を動かせるようになってきました。そこで、大きいろく木と小さいすべり台を出したところ、すべり台をのぼりはじめたさやちゃんです。一番上に行くのはこわいと思ったようですが、階段を確かめながら保育者と一緒に上まで行き、のぼれるとうれしそうで、もう一人の保育者に「おーい」と笑顔で手をふったりしていました。保育者もさやちゃんのうれしそうな姿に驚き、「すごいね。さやちゃん、のぼれたの！」と一緒に喜び、保育者同士も「すごいね～」と声をかけ合って、同じようにうれしく思い喜びました。さやちゃん自身も一緒にいる保育者がなんだか喜んでいる雰囲気を感じたのか、“またのぼってみよう”という様子で階段を確かめながらのぼっては降りたりと楽しむ姿がありました。

またマルチサークルで遊んだ時のことです。小走りで追いかけられると同じように小走りで逃げたり、さやちゃんが「オオオオー」と声を出しながら逃げていくので、保育者もまねをして「オオオオー」と声を出しながら追いかけて遊んでいました。小走りで、それも足をタタタタッと動かすことがおもしろかったようです。体を使って保育者と一緒に共感できることも、さやちゃんにとって“楽しいな”と感じられることだったと思います。また姿勢を変えてマルチサークルをまたいだりしていました。今までは体があたるとよろけて倒れることが多かったこともあってか、自分ではやらずに見ていたり、近くに友だちが来ると声を出して脅したりやめてしまったりすることが多かったマルチサークルではじめての姿でした。

７月からは、新しい保育者が入っても動揺することなく、表情がよくなり、笑顔が増え、口まねも出てきています。まわりの友だちの姿も見えはじめ、自分から“○○ちゃん”という感じで友だちを指でつんつんしたり、友だちのまねをしたり、保育者が他の子とわらべうたをして遊んでいると、自分もしたくてやってもらいにきたりと変わってきています。

comment　動きを引き出す環境づくりと「大好きなおとな」の支え

運動発達が日一日と進行するこの時期、それにともなって目につく子どもたちの様子には、大まかに次の二つのパターンがあるものと思われます。

一つは、子ども自身の思いにくらべ運動面の発達が先行するケースです。たとえば**実践①**に登場するみさちゃんは、かなり早い時期につかまり立ちを達成した一方で、それが必ずしもあそびを中心とした生活の充実につながっていない点に特徴がありました。

もう一つはそれとは逆に、どちらかというと子ども自身の先行する気持ちに運動発達がついていかないケースです。**実践②**のさやちゃんは、階段のぼりや歩行といった移動の自由を獲得することで、それまで生活の中で示していた不安定さが解消されていきました。

０歳後半から１歳前半児に多くみられるこの一見対照的な姿を、私たちはどのように理解し、次の保育実践へとつなげていけばよいのでしょうか。

まず理解しておく必要があるのは、運動発達が早くすすむことが、必ずしも生活の豊かさへと結びつくとは言いきれないという事実です。「這えば立て、立てば歩めの親心」と昔から言われるように、子どもの運動面の伸びは一般に保護者をはじめとするおとなに強い期待を抱かせます。しかしながら、**実践①**をはじめとするさまざまな実践は、ある特定の運動発達の早期達成が、次なる運動発達の早さやその他の生活の充実をもたらすわけではないことを示しています。たとえば立位を早期に達成する子どもが、その後歩行を早期に達成するとは必ずしもいえません[6]。実際にこの時期の子ども自身は“立ちたい”“歩きたい”と思っているわけではないでしょう。子どもに意識されているのは、目の前のモノ、もしくはヒトとの関係の中でめばえる“○○が欲しい”などの具体的な要求であり、運動発達はその延長線上に成り立つものにすぎません。ここからは、この時期の運動発達を支えていくためには、姿勢・運動への直接的な働きかけ以上に、「子どもの要求」という視点から考えることの大切さが導かれます。

この観点から運動発達をとらえたとき、保育をすすめていくうえでの具体的な手がかりをどのようにつかんでいけばよいのでしょうか。ここでは、次に示すヒトの運動パターンの一般的特徴がヒントになるでしょう。

たとえば私たちが運動会の「障害物競走」に参加する場面を考えてみます。跳び箱は跳ぶ、ネットはくぐる、丸太は乗り越える……と、私たちはゴールに向かうべく、意図的に体を動かしていくはずです。このようにヒトは、頭の中に思い描く目的に合わせ、体を意図的に動かす力を持っています。

一方、ヒトは常にそのような形で体を動かしているかといえば、必ずしもそうは言いきれません。たとえば山歩きの場面で障害物に出会ったときはどうするでしょうか。進路に丸太が倒れていたとして、それをくぐるか乗り越えるかは、障害物競走のようにどちらかの行動をあえて選択するのとは異なるでしょう。その場面で実際にとられる行動は、思考や意志にもとづくというより、自分の身長と目の前の丸太の高さの関係、直前の動作などの「その場の状況」との関係から必然的に決定されていきます。前者が意図にもとづき「思い通りに体を動かす」パターンだとすれば、後者は自然と体の動きが組織され「つい体が動いてしまう」パターンとして位置づけられるでしょう。

０歳後半～１歳前半とは、認識面の発達でいえば頭の中のイメージ（表象**(→第Ⅰ部39ページ)**）が未形成の時期にあたります。そう考えると、この時期の運動パターンは基本的には、後者の「つい体が動いてしまう」パターンだというふうに理解できます。つまり、この時期に外面にあらわれる姿勢や運動は、子ども自身が意図や思考にもとづき選びとったものというより、その場の環境との間で“そう体を動かす必然性”がある姿勢・運動形態として無意識のうちに組織されたものだと考えられます。このことと０歳児の認識発達を結びつけると、次のような援助のポイントが浮かびます。

一つは、とくに０歳後半児の運動発達を支えるうえで、子どもの姿勢・運動への直接的な働きかけ以上に、環境構成に着目したアプローチが有効になるということです。

この時期の運動発達の道すじには、実際はいくつかのバリエーションがあります。なかには「まだ十分にハイハイしていないのにもう立ってしまった」など、子どもをていねいに見ているからこそ“気になる姿”として目につくものがあるかもしれません。このころが基本的に「つい体が動いてしまう」時期であること、すなわち頭の中のイメージをもとに体を意図的に動かすわけではないことを考えると、そうした姿は、子どもが「思わず動いてしまう」環境を反映したものとしてとらえることができるでしょう。

ここから考えると、この時期の姿勢・運動発達を支えるにあたりとくに効果的なのは、その姿勢をとる・運動をする必然性を生み出す環境づくりでしょう。仮に保育者が「立位よりも、じっくりハイハイで周囲を探索することをまだまだ楽しんでほしい」と考えるならば、**実践①**でみさちゃんに対して試みたように「つい“ハイハイ”して楽しんでしまうような環境」を工夫してみるといいかもしれません。たとえば第Ⅲ部に登場するかんすけくんのケース**（→164 ～ 167ページ）**のように、安定しないままに体が動いてしまうことに対する援助としては、おとなとじっくり向かい合って遊べるおもちゃを準備する、などが効果的だと考えられます。子どもが意図的にどのように体を動かすかを選択する時期ではないからこそ、姿勢・運動への実感を育み支える前提としての「子ども目線での環境構成」の工夫しがいがある時期ではないでしょうか。

もう一つ、１歳前半児の運動発達を支えるにあたっては、先述の「思わずそう動いてしまう」環境構成の工夫にくわえ、おとなとのやりとりのなかで体を動かす取り組みがポイントになるでしょう。この時期はどちらかといえば、体を動かす中でこれまで以上に周囲の世界に目が向くことで思うように体が動かず不安定になったり、ぎこちない動作が目立つなど、子ども自身の先行する気持ちに運動発達がついていかない、**実践②**のさやちゃんのようなケースが目立つことと思います。３項関係の成立によって、子どもが活動にあたりおとなをふり返り、表情を確認することが可能になることを考えると、この時期はただ単に体の動きを直接支えていくことだけではなく、そのきっかけとして、目の前の活動の楽しさを保育者が具体的に示していくことこそが課題となります**（→第Ⅰ部35 ～ 36ページ）**。そのプロセスを通じて積み重ねられる「大好きなおとな」に支えられて体を動かす経験が、自ら体を動かすことの手応えにつながり、その後の運動発達のさらなる伸びをもたらすことでしょう。

photo　第一そだち保育園の園舎

１階の平面図

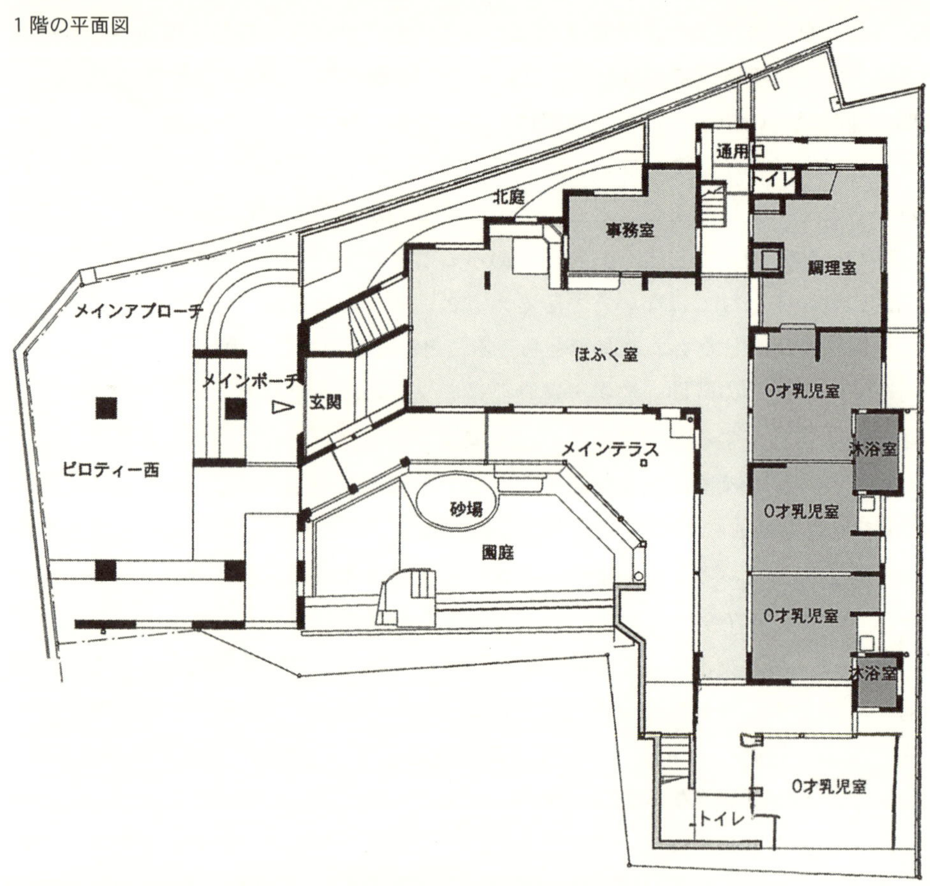

左　１階　ほふく室
　　お迎えの保護者がくつろげるベンチのコーナーも
右　１階　メインテラス
　　外と中の中間のような保育室の延長の感覚で

左　２階ほふく室へとつながる遊べる階段
　　傾斜がゆるく幅が広い
右　園舎全景

２階の平面図

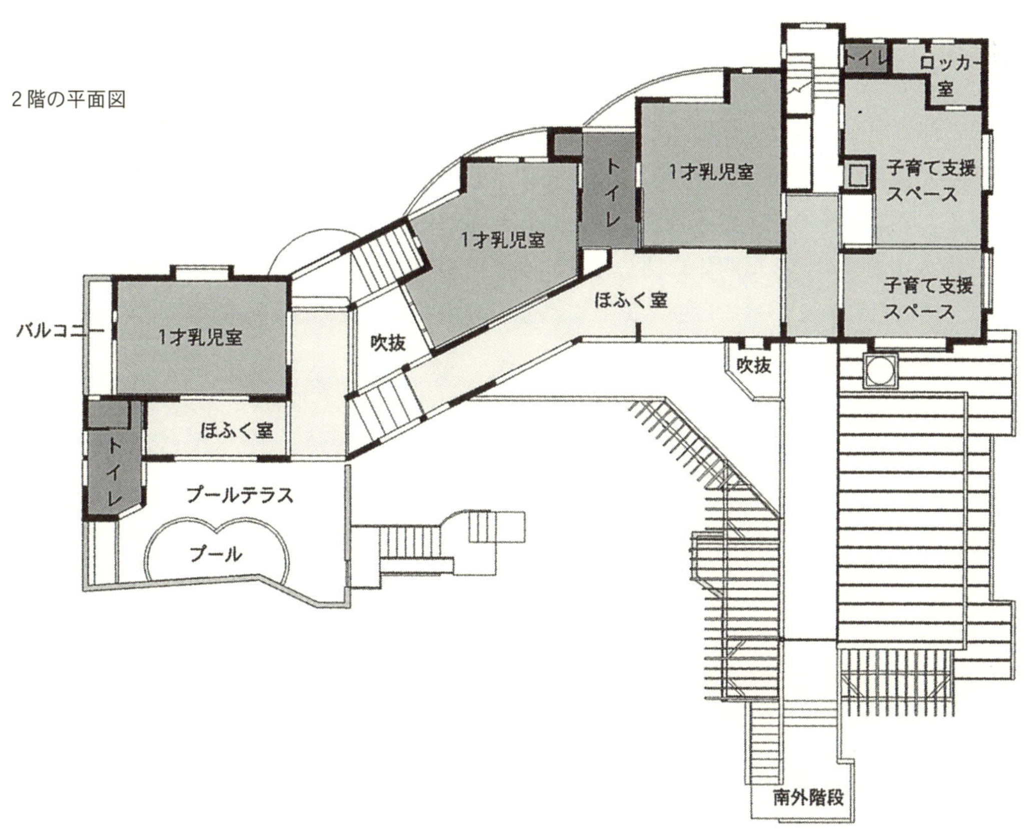

第3章 「文化に開かれた生活」を支える

保育者との安心・信頼の関係を基礎に、文化的価値に開かれていく保育実践

1 思いが通い合う喜び

やりとりを楽しめる関係を目指して

0歳後半

第Ⅰ部で述べてきたように、0歳後半は3項関係の成立にともない、子ども－おとなの関係が大きく変わる節目の時期にあたります。しかしながら発達とは「△歳になると……できる」のような形で、ある時期が来たらだれもがそれを自然に達成できるという質のものではありません。3項関係に関しても、0歳児クラスの保育の中でだれもがスムーズにそれを達成していくわけではなく、さまざまな理由でおとなと思いを通わせることがむずかしい子どもたちに出会うことがあるのではないでしょうか。

おとなと子どもが互いに思いを通い合わせやりとりを楽しむ関係は、多くの場合、毎日の生活を通じてのおとなによる半ば意識されない支えを基礎とする、おとな－子ども間の相互交渉の積み重ねの延長線上に達成されていくと考えられます[7]。ここから示唆されるのは、そのような関係が成立しにくい子どもたちに対しては、保育者がより意識的に働きかけていくことで新たな可能性がめばえうるということです。

この節では、3項関係形成の時期に気になる姿を見せた子どもへの保育実践を取り上げます。思いを通い合わせ、やりとりを楽しめる関係を目指した保育者によるていねいな働きかけを形にしていくためのポイントについて考えていきましょう。

実践①　特定の保育者から離れられないちひろちゃん

青木美月

ちひろちゃん（7ヵ月）は、前年度の3月より入園してきました。入園時から仰向けにされることをとても嫌がったり、保育園での生活が落ち着かず、保育者に抱っこされていても一日ずっと泣いているような感じで、なかなか“安心感”が持てずにいる姿がありました。

4月ごろ（8ヵ月）のちひろちゃんはさまざまな場面で泣いてしまうことが多く、なんでこんなにも泣いているのか保育者はわからずとまどうばかりで、なんとか泣きやませようと抱っこをして落ち着かせる日々が続いていました。抱っこをしたり膝の上にいれば泣きやんではいたのですが、おろしたり、青木保育士がちひろちゃんのそばから離れるとまた泣き出してしまうという状況でした。

6月ごろ（10ヵ月）のちひろちゃん。おむつ替えもはげしく泣いて嫌がり、食事も青木保育士がいなければ泣き出してしまう姿について担任間で話し合いをしました。ちひろちゃんにとって「おむつ替えようね」「マンマ食べようね」という保育者のことばは何を言っているのかわからず、青木保育士と一心同体でいるだけで何をするのかさっぱりわかっていないのではないか、と改めて働きかけを考えてみることにしました。

そこでことばと動作、ことばとモノを視界を通して結びつけられるように“実況アナウンス”をしていこうと確認しました。それも一場面ではなくプロセスを追って流れを見せながら伝えていくのです。たとえば、おむつを替える時はかごに入っているおむつを保育者が取るところを「おむつ持ってくるよ」と言いながら見せ、次におむつ替えマットを見せて「ごろーんしておむつ替えるよ」と言って、ちひろちゃん自身が納得できるように伝え、本人がわかったなぁと感じられた時点で替えるようにしてきました。他にも、「マンマ食べるよ」とことばだけで伝えてもわかりにくいので、一緒に食事を取りに行ってきて部屋に戻り「イスに座るよ」と流れを追って見せながら伝えたり、あそびの中でもちひろちゃんのすることの実況アナウンスを続けていきました。

また、少人数でまわりがバタバタしない環境だと比較的落ち着いて遊べるということがわかり、夕方などもなるべく少人数で過ごすようにしたり、朝寝の際に1対1で遊べる時間がある時は、他の部屋でじっくりかかわって遊んだりするようにしてきました。

「期待してもらえる存在」を目指して

その後、8、9月ごろ（1歳～1歳1ヵ月）には泣く姿は減ってきたのですが、青木保育士が立つと泣き出してしまうという姿は変わらず続いていました。さらにおむつを替えるなど他児とかかわっているのを見つけると、それまでおもちゃで遊んでいたのにはげしく泣いて抱っこを求めてきて、一度泣き出すとその子が離れても泣き続けるのです。青木保育士から離れられず遊ぶことができない日々が続き、青木保育士は毎日あせりととまどいの気持ちでいっぱいでした。

その後の保育者間での打ち合わせで、ちひろちゃんは人に期待する力の部分でつまずいているのではないか、青木保育士の存在は「抱っこしてくれる人」のような存在であって、他のところで期待をもってもらえる存在ではないのではないか、という話が出ました。そこで、「ちひろちゃんが遊べるようになって、一緒に楽しいと思える瞬間をつくりたい！　ちひろちゃんに“この先生は何か楽しいことをしてくれる人だ”と期待してもらえるような存在になりたい！」という思いが青木保育士の中で強くなりました。そのためにまずはちひろちゃんの好きなあそびは何か探ることからはじめ、その好きなあそびを通して一緒に楽しんで、楽しいと思える瞬間を積み重ねながら、ちひろちゃんに人と遊ぶ・かかわるうれしさを知ってもらい、「もう一回」と期待することができるようになってほしいと思いました。

本当の「３項関係」とは？

ちひろちゃんは音のなるおもちゃやうたが好きでした。音のなるおもちゃでは、振った時に音が出ると、「あっ！　きれいな音が出たねぇ」と目を見て共感したり、うたを歌って一緒に振って楽しんだりしました。

また、ふれあいあそびも大好きでした。はじめのころは、ふれあいあそびをやっているその時はうれしそうにしていても、終わるとすぐにもとの顔に戻っていることが多かったのですが、９月後半ごろ（１歳１ヵ月）になると、次第に終わったあともももう一回やりたそうな表情で保育者を見ているようになりました。青木保育士が「もう一回やる？」と手を差し出して聞くと、うれしそうに保育者のもとにきてくれるようになったのです。少しずつ変わってきているちひろちゃんを実感した瞬間でした。青木保育士もちひろちゃんのもう一回やりたそうな視線がとてもうれしくて、何度もその視線に応え「もう一回？」をくり返し、一緒に楽しい瞬間を積み重ねてきました。

そうしていくうちにだんだんと表情が豊かになっていき、「もう一回」がしぐさであらわせるようにもなりました。「楽しい」と感じた時、期待した表情で人差し指を立てて「もう一回」と青木保育士に訴えてきてくれるようになったのです。また、青木保育士がちひろちゃんのそばから離れ部屋からいなくなるとただ泣いていた姿があったのですが、このころになると手ざしをして追いかける姿に変わってきていました。何かを見つけると「あっ！　あっ！」と指さしをして教えてくれたり、ポットンができた時も保育者の顔を見て“できたよ”ということを視線で訴えてくれたりするようになっていきました。

７月ごろに「ちひろちゃんって３項関係結べているかな？」と保育者間で話し合った時は、食事場面でちひろちゃんはお手拭きタオルを『ちょうだい』と言うと渡してくれていたので、モノの受け渡しができていて３項関係が結べていると勘ちがいしていました。が、本当の３項関係とは、ただモノの受け渡しができるということではなく、そこに期待・楽しみがともなわなければ３項関係とは言わないということを、ちひろちゃんの姿を通して学びました。

あそびを広げ、人間関係を広げる

10月（１歳２ヵ月）には青木保育士にこだわることもなくなり、他の子とかかわっていても気にすることなく遊べるようになりました。その後、クラス替えにともない担任が入れ替わり、新たに見田村保育士が担任としてくわわった11月（１歳３ヵ月）の時点ではとても落ち着いて生活をしていました。しかし、そこから１ヵ月近く経った12月（１歳４ヵ月）ごろから再び青木保育士へのこだわりが少し出てきました。担任が変わり、その環境の変化に気づき不安な気持ちになっているようでした。とくに食事後からお昼寝までは、青木保育士の姿をはげしく泣いて追ったりすることが続きました。ちひろちゃんが落ち着けるように、ごはんのあとはゆったりと過ごせるように工夫し、お昼寝の時も、ちひろちゃんが安心できるように青木保育士がしっかりつくようにしました。

しかし、以前のように青木保育士だけにこだわってしまわないようにはしていきたいと思い、ちひろちゃんが楽しんでいるときに見田村保育士がいっぱいかかわっていくようにしました。

12月の終わりごろ（１歳４ヵ月）には青木保育士へのこだわりはそこまでは感じられず、食後も落ち着いて遊んでいけるようになってきました。朝とお昼寝のときにこだわる姿があったけれど、一度ぎゅっと抱きしめ顔を指さして見せながら「先生はここにいるから大丈夫だよ」とくり返し伝えていると、しばらくしてハッと我に返った表情で確かめるように「セーンセ」と青木保育士を指さして、安心して落ち着けるようになりました。

実践②　保育者と楽しむ関係がなかなか築けないなつみちゃん

見田村志津

なつみちゃん（１歳０ヵ月）は、８月より入園してきました。入園当初から表情があまりなく、なかなかつかみにくい子だなあという印象でした。11月（１歳３ヵ月）の担任入れ替え時の引き継ぎでも、“まだよくわからない”“自分の思いを出せるようになってほしい”などの話がありました。担当になった見田村保育士はそれまで隣のクラスにいましたが、なんとなく気になる存在だったので、しっかりとなつみちゃんを見ていきたいと思っていました。

実際に一緒に過ごす中ではやっぱり気になる存在で、毎日のように、担任の青木・見田村保育士2人で「よくわからないよねえ」と話をしていました。保育者のことばがどこまで理解できているのか？　表情の乏しさは？……などよくわからないことが多くありました。そこでなつみちゃんの発達について見返してみることにし、一番気になる“認識”を中心に確認してみると、ⅰ）自分の名前がわかっていないのでは、ⅱ）名前を呼んでも動作やしぐさであらわすことがない、ⅲ）ひとみしりはこの11月の時点で、健診に来た嘱託医の先生を見て泣いたり、散歩先で近所のおばあちゃんを見て泣いたりする姿はあった、ⅳ）手ざし・指さしが今やっと出てきたところ、の4点を確認することができ、担任間では、10ヵ月のちょっと手前ごろの発達段階ではないか、という結論になりました。

発達をふり返ってみたものの、そこから今後の保育の手だてがはっきりと持てずゆきづまりを感じていました。とにかく信頼関係がまだつくられていない見田村保育士は、「なんとか信頼関係を築きたい！　なつみちゃんにとって心を寄せられる存在となりたい！」と必死になっていたように思います。なつみちゃんの入園当初から担任している青木保育士にはあと追いをしたり、部屋に入っていくとうれしそうに近寄っていく姿があり、“自分の先生”というのは認識しているように見えました。しかし、青木保育士自身からすれば、他の子との関係のような「信頼関係がある」というしっかりとした実感がありませんでした。

また、なつみちゃんは、あそびの中で“心から楽しむ・遊びこむ”姿があまり見られませんでした。保育者とのやりとりを楽しむあそびでは、その場その場で笑顔を見せてくれますが、そのあとが続かず指吸いをしたり、別のところへ行ってしまいます。保育者と1対1で向き合って、ふれあいあそびやいないいないばぁあそびをすることで、なんとか楽しんでくれないか、笑顔を見せてくれないか、と思う保育者は、なつみちゃんと目と目を合わせてわらべうたを歌ったり、他の子が好きなふれあいあそびをなつみちゃんにもやってみたり……。笑顔が出るときもあるけれど、何かいつも眉間にしわを寄せてこわい顔をしているなつみちゃん。その他いろいろ試したものの、11月（1歳3ヵ月）から1ヵ月は、なつみちゃんの心に響いているという実感があまりなく、空ぶりをして落ち込むこともよくありました。また、保育者に嫌なときは泣いて訴えてくることはあるものの、その他のところではあまり“自分の思いを出す”感じではありませんでした。

しかし同じころ、指さしが出てきて、いろいろなものを見つけては「あっ！」と伝えてくる姿もありました。なつみちゃんが指さして伝えてきたことには、「○○だねえ」と一つひとつゆったりと寄り添うことを大切にしていきました。

なつみちゃんが「楽しい」と感じる瞬間は？

12月（1歳4ヵ月）に入り、11月に発達の様子を確認したときからは少し変化もあり、朝の会の時に名前を呼ぶとハイと手を上げたり、保育者を見て、手あそびやしぐさをまねして楽しむ姿が少しずつ増えてきました。また以前は、散歩やホールに行くときに扉をあけても保育者が迎えに行くまで動かずじっと待っていましたが、このころから自分からハイハイして向かう姿が出てきていました。

このように多少の変化はみられるものの、なつみちゃんに関してはわからないことだらけで、保育者としてなんとか見通しをもってやっていきたい、という思いがありました。そんなころ、ちょうどビデオ研修があり、保育者とのやりとりを見てもらうことで少しでも何かヒントが見えてくるといいなと思っていました。

ビデオ研修で他の保育者から共通して出されたのは、やはり“なつみちゃんの表情がない”ということでした。ビデオを見てみると他にも改めて気づくことがいろいろありました。たとえば子どもたち全体を見ると、なつみちゃんは安定して歩いている子どもたち（ちひろ・あやの・こうき）と活動の差があり、なつみちゃんにとってはまわりがあわただしく動いていて、なかなか自分のペースでゆったりとは遊べないことがわかりました。「なつみちゃんの楽しいと思える瞬間は？」「好きなあそびは？」など質問があり、まずそこをしっかり見ていかなければいけないね、とアドバイスを受けました。ビデオ研修を終え、とにかくもう一度、原点に立ち返り、なつみちゃんについて細かく探っていくことにしました。

クラスの他の子どもたちは、体を使って遊ぶマット山・テーブルすべり台や、保育者とのやりとりが楽しめるマルチサークル**（→89ページ写真）**などのあそびが好きなのです。その中で、なつみちゃんは、あまり体を使うことが好きではないとわかっていたものの、他の子のあそびについ合わせてしまい、余計になつみちゃんの姿が気になってしまっていたこともあったように思います。“動”のあそびが好きな子がいれば、“静”のあそびが好きな子がいます。なつみちゃんは、“静”のあそびが好きで、型はめやポットンなど手指を使って黙々と遊ぶ姿が多く見られていました。このように、モノとの関係は結びついていましたが、人との関係がしっかりと結びついている実感はあまりありませんでした。

あそびをつくる
――グループ別保育を通じて

クラス全体の子どもたちのうち、ちひろちゃん・あやのちゃん・こうきくんと、なつみちゃん・じんたろうくん・りょうじくんの間に、発達や活動において少し差があることは前から感じていました。なつみちゃんの気になる姿もあり、グループ別の課業を設定していくことにしました。なつみちゃんはじんたろうくん・りょうじくんと一緒のグループ（担当：青木保育士）になりましたが、活動によってはじんたろうくんをもう一つのグループに入れるなど臨機応変に対応すること、他クラスとも交流していくこと、保育者は基本的には担当の子たちを見ていき、時には入れ替えをして、お互いの様子をわかるようにしていこうと保育者間で確認しました。

12月中旬のある日、青木保育士はなつみちゃん（１歳４ヵ月）・りょうじくん（１歳２ヵ月）と保育室内で活動しました。はじめは型はめをするなつみちゃん。型はめができると「あっ！」「あー！」など大きな声を出し、保育者に“できたよ”と伝えてくれました。一方、積み木で遊んでいたりょうじくんは、保育者の積み上げた積み木を崩してはニコニコ笑顔。

しばらくして、なつみちゃんは型はめに飽きてきたのか、りょうじくんと保育者のそばにやってきて、一緒に積み木を崩して、保育者の顔を見て「あー！」と目を大きくさせたのです。そして型はめの円柱の積み木が保育者のエプロンの下に入っていくと、一生懸命取り出しては“もう一回やって！”とばかりに積み木を差し出してくるなつみちゃんでした。

グループでの活動は、なつみちゃんにかぎらず一人ひとりの子へゆったりと目を向け、子どもの声や表情、視線などに共感しやすいと感じました。その中で、なつみちゃんが好きなものや興味などにもいろいろ気づけ、そこでのなつみちゃんの表情の変化をキャッチして、そこで共感したりすることを大切にしてきました。その姿を、担任２人で「今日はこんな姿だったよ」「今度はこうしたらどうかな？」など話をしてきました。

一つひとつをわかりやすく伝えていく

11月（１歳３ヵ月）の時点で、まだなつみちゃんは、生活の一つひとつのところで保育者のことばだけではよくわかっていないと感じることがありました。

ごはんの時などは、ごちそうさまをしたあと「エプロンちょうだい」と伝えても指吸いしたまま座っている姿がありました。一つひとつわかっているかを確かめながら、なつみちゃんにとって“わかりやすい”働きかけをていねいにやっていこうと思いました。たとえば、「エプロンちょうだい」と言って、エプロンを見せながらゆっくりはずして、「ごちそうさま」と目を合わせて伝えたり、おやつやごはんの時「マンマ食べるから、おもちゃ、ないないこしてね」とことばをかけてもおもちゃをはなさず遊んでいたら、実際におやつやごはんを運んできてからまたことばをかけたりしてきました。ちひろちゃんと同じように実況アナウンス**（→97ページ）**もつけていきました。

その結果、だいぶ保育者のことばを理解できてきて、自分でロッカーまで行き、エプロンを片づける姿も出てきました。まだ自分のマークはよくわかっていないので他の子のロッカーに入れていますが、保育者が「なっちゃん、ないないこできたね」とことばをかけると笑顔を向けてきます。なつみちゃん自身も保育者のことばがわかり、自分でやれるうれしさを感じているように思います。

なつみちゃんにかぎらず、０歳児はまだおとなのことばがしっかり理解できない時期だと思います。ことばと合わせて、視覚で伝えることが大切だと改めて感じました。その中で、一人ひとりがどこまでわかっているのかをしっかり見ていく必要があると思います。

いろいろなあそびを楽しめるようになった

１月に入り（１歳５ヵ月）、いっぱい歩ける

photo　おもちゃとじっくり遊ぶ

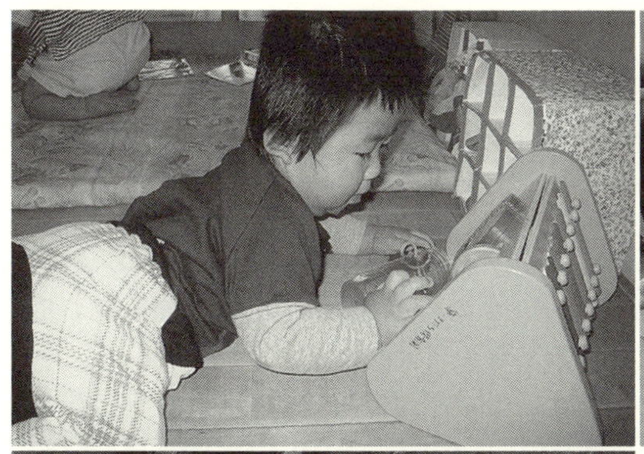

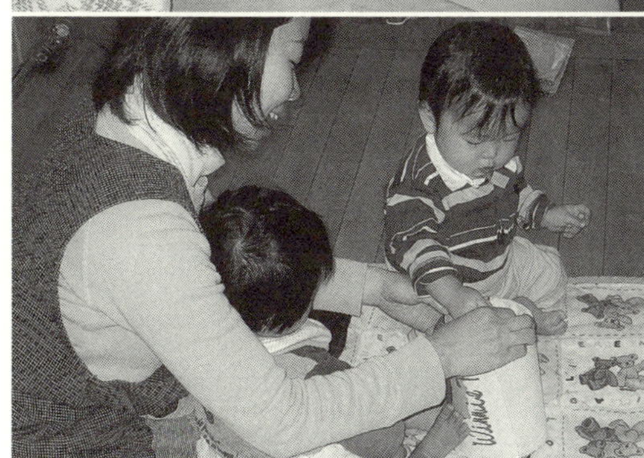

上左　なめてさわってじっくり遊ぶ
上右　“あれ、○○ちゃんも！”……しばらく同じおもちゃを見つめていたあと、同じようにおもちゃを見ていた隣の友だちにふと気がついたところ
左　出したり入れたり、何度も何度もくり返して楽しむ。ともに感じる保育者がそばにいることで、喜びはさらに大きく

上左　ころがしたり、ひっぱったり……子どもたちの遊ぶ様子を見ながら、次はこんなおもちゃをつくってみよう、とアイデアがひらめくことも
上右　バラバラだけど一緒で楽しい
左　そおっと、そおっと

ようになり、なつみちゃんはなんだか表情もうれしそうでした。そして、生活のあちこちで“自分でやってみよう！”とする姿が徐々に見られはじめました。

その一つとして、1月中旬に板坂のぼりに取り組んだとき、これまでにない姿を見せてくれました。

この日ははじめのころから、意欲的に板坂を四ツバイでのぼりはじめたなつみちゃん。何度ものぼったり降りたりしていました。そして、のぼったあとに段差を降りようと足を一生懸命下へおろすなつみちゃん。「できるかなあ」と保育者は見守っていると、降りることができたなつみちゃんは、パチパチと拍手をしながら担任２人を交互に見てきました。一緒に拍手をしながら、「すごいね！」と伝えるとうれしそうな表情のなつみちゃん。その後、何度も段差を降りていて、以前の姿からは想像もつかないほど楽しむなつみちゃんに驚きの担任２人でした。また、保育者がちひろちゃんやこうきくんをひざにのせて、「出発進行エイエイオー！」と言ってから滑り降りることを楽しんでいて、なつみちゃんとも一緒にやると、またいつの間にか保育者のひざにのってきて、「オー！」と手をあげていました。なつみちゃんなりに“もう一回やって！”と伝えてきているんだなと感じました。

保育者としては、板坂をのぼったり降りたりできるようになったことよりも、板坂の段差を降りられた時に、なつみちゃんがうれしそうに担任２人を交互に見て、パチパチと拍手をして“すごいでしょ！”とばかりに保育者に向けてくるまなざしが本当にうれしかったのです。そして、保育者も「すごいねえ！」といっぱい共感したのでした。

その後、板坂だけでなくマット山など体を使ったあそびをとても意欲的に、またそれまでには考えられないほどくり返し遊ぶようになりました。以前だったらあまり続かなかったものでも、いろいろ楽しめるようになってきています。“楽しんで遊ぶ”“遊びこむ姿”が見られるようになりました。

２月上旬にマルチサークルで久しぶりに遊んだ時のことです。なつみちゃんは一生懸命穴から中に入ろうとしていました。なかなかうまく入れなかったけれど、いろいろ姿勢を変えて挑戦していました。以前だったらあきらめていたと思います。それでも入れず苦しい姿勢になったので、「ンー」と保育者に訴えてきました。そこで、ちょっと手伝ってあげると、中に入ることができてパチパチと拍手。そして、穴からバアッと顔を出したり、マルチサークルのまわりで「マテマテー」と追いかけるとうれしそうに逃げていくのです。つかまえて他の子と同じように思いきりくすぐるとそれは「イヤー」となったので、手を前に出し、くすぐるまねをしたり軽くくすぐったりするとまたうれしそうに逃げていきます。そのうち四ツバイでゆっくり逃げながら、パッと後ろをふり向きニヤーと笑うようになりました。マテマテを期待しているなつみちゃんの姿に、保育者もとてもうれしい気持ちになったのでした。

あそび以外のところでも、表情がずいぶんと豊かになったと感じています。食事でも楽しそうに食べていたり、自分の要求や意志をはっきりと表情やしぐさなどで伝えてくれたりします。また、現在は保育者のやるちょっとしたことに笑ったり、目をまるくして保育者に何か期待するまなざしも向けたりしてくるようになりました。そして何よりも、友だちの存在を心地よく感じはじめていると思います。11月ごろは友だちの存在には気づいていて、なんとなくその存在が気になり近寄ったり、上にのったりはしていたものの、最近は友だちが楽しそうにしているのを見て、同じようにまねをしては一緒に顔を見合わせ、うれしそうな姿が見られるようになってきました。

今まで保育者は、なつみちゃんに対して先の見通しが見えにくく不安を抱えていました。今やっと見通しが持て、これからが楽しみだなと思えるようになりました。クラスの子どもたちは活動面や認識面で少し差があり、以前はなつみちゃんの発信していたことを見逃していたのかなと思います。“なつみちゃんと一緒に楽しみたい”と意識してあれこれ考え、少しずつなつみちゃんからの反応も返ってきて、なつみちゃんの興味・関心や気持ちに寄り添い共感してきたことにより、現在では私たちは、“これが３項関係だよな！”と実感することができるようになりました。

comment　３項関係の成立における２つのタイプをふまえて

「心の交流のある関係」は“意味の世界”の基礎となる

０歳後半の子どもたちとの生活では、おとなとの間でまなざしやことば、手ぶりで気持ちを共有したり、確かめ合ったりする関係が大切です（→第Ⅰ部29～30ページ）。実際の保育において問われるのは、それを具体的な援助としていかに実践するかということです。この実践には、３項関係の成立にむずかしさを抱える、タイプの異なる２人の子どもをそれぞれどう理解し、支えていくかの工夫が明確に示されているといえるでしょう。

「３項関係」は、この時期の子どもの発達をとらえるうえで欠かせない視点ですが、当然ながらその成立そのものが重要というより、そこから何が可能になるかが大切になります。それは外界にいる相手に対し、子どもが「自ら働きかける」ことです。それまでモノを探究したり、おとなから「おもしろいこと」を示されたりするのが中心だった子どもの生活は、ここを境に自ら探究したモノの「おもしろさ」を相手に伝える活動が徐々に中心になっていきます。それまで自らの力のみで探索・探究していた対象に、おとなから与えられた新たな意味や意図をくわえる力を手に入れた子どもは、それを足場として、やがて自らも対象に新たな意味を与え、それを相手との関係の中で理解する新しい世界――「表象」へと足を踏み入れていくことになります。ここで育まれる「伝える力」と「意味づける力」こそ、その後子ども同士の間で豊かに展開する「見立て」や「つもり」に欠かせない土台です。

この実践の魅力は、まさにこのプロセスをなぞる形で３項関係をとらえ、それを意識した働きかけを組み立てている点にあるのではないでしょうか。

この年の実践のまとめ会議で、見田村さんは「“３項関係”とは、ただモノの受け渡しができているから関係ができているというわけではなく、そこでのおとなとのやりとりの中で、子どもがおとなと一緒に楽しみたいと思う気持ちがあること。おとなに期待する気持ちがあること。これがつくられているかを保育の中でしっかり見ていくことが大切だということ。そして、その３項関係がしっかりおとなと結ばれていることで、子どもはまわりに目を向けることができ、それは同時にいろいろな力をつけていくための土台となっていくことがわかりました」と書いています。

ただ単にモノの受け渡しができているから関係ができた、ということにはならない、という指摘は重要です。大切なのは、そのような保育者とのやりとりのくり返しを基礎にして、子どもが保育者と一緒に楽しみたいと思う気持ち・保育者に期待する気持ちがつくられているかどうかということです。単に現象として「同じモノを一緒に見る」のではなく、両者に「心の交流のある関係」が成立することで、子どもはそれを足場として、獲得したモノの意味を今度は改めておとなに示すという、それまでとはまったく異なる形で外界へと一歩を踏み出すことが可能になります。

では、この二つの実践から得られる、この時期の子どもへの働きかけのポイントを改めてまとめてみましょう。

ちひろちゃんとなつみちゃんは、ともに３項関係の形成にあたって“気になる姿”を見せています。とはいうものの、特定の保育者との密な関係からなかなか離れられないちひろちゃんと、保育者と楽しむ関係がなかなか築きにくかったなつみちゃんの様子は対照的です。３項関係とは、「ヒトの向こうにモノが見える」「モノの向こうにヒトが見える」関係として図示できますが、その形成過程において、ちひろちゃんのようにおもにヒトとの関係が軸になる「ヒト志向優位タイプ」と、なつみちゃんのように、おもにモノとの関係が軸になる「モノ志向優位タイプ」が見出せると思います（**図１**）。

ヒト志向優位タイプ

ちひろちゃんに代表されるヒト志向優位タイプとは、保育者をはじめとするおとなとの対人的な活動が目立つ一方で、おとなの向こうにモノが見えにくい状態にある子どもたちです。おとなとのいわば密着した関係が成り立つ中で、たとえば保育者がその場を立って別の場所に行こうとすると泣き出してしまうなど、一度気持ちが崩れるとなかなかそれをもとに戻すのに時間のかかる子どもたちが、このタイプには目立つかもしれません。

図1　3項関係形成における2つのタイプ

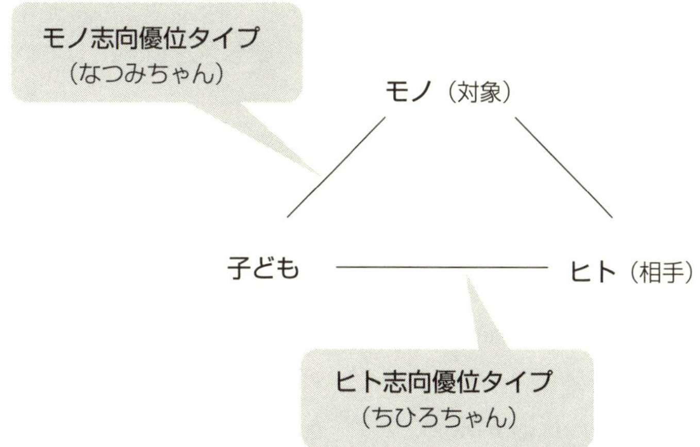

ちひろちゃんに対する具体的な取り組みとして保育者がとくに力を入れたのは、今何をしているのか、そしてこれから何をするのかを、ことばと動作でていねいに示す「実況アナウンス」、また少人数のグループを活用して好きなあそびを探るなどの働きかけです。これらの取り組みはいずれも、子ども自身が相手の「行動」に気づくための配慮としてまとめることができます。このような働きかけを通じ、ちひろちゃんにとっての保育者の存在は、「抱っこしてくれる人」から「一緒に“楽しい”と思える相手」へと変化し、その結果、青木保育士へのこだわりはなくなっていきました。

3項関係ができるとは、「○○(相手)と××して楽しかった」経験を積み重ねる前提条件が成立するということです。子どもと保育者が密着した、両者の間を媒介するものが存在しない状態では、そのようなやりとりを成立させ、積み重ねていくことはできません。この実践のポイントは、「(××して)遊んで楽しかったね」と意識させていく取り組みによって、子どもと保育者の関係を媒介するものとして「あそび」を成立させたことです。働きかけを通じ「××して楽しかった」という好きなあそびを意識できたことで、ちひろちゃんは、青木先生からなかなか離れられなかったという「ヒト」による制約から自由になれたといえるでしょう。

モノ志向優位タイプ

これに対し、なつみちゃんに代表されるモノ志向優位タイプとは、モノを操作したりするような「手」の活動などが目立つ一方で、その向こう側にいるヒトとの共感関係がつくられにくい子どもたちです。このタイプの子どもたちについては、ふれあいあそびなどであまり反応が感じられない、表情があまりないなどから、保育者からすれば「つかみにくさ」を感じることが多いかもしれません。なつみちゃんの場合、「ボールを保育者のお腹に隠してみる」など、モノを使って遊んだときにはじめて「楽しめた」という感覚が得られたとのことです。このようにモノを介することで楽しさを引き出していきやすいのも、このタイプの子どもたちの特徴の一つといえるでしょう。

なつみちゃんに対し、保育者はまず認識の発達水準を確認し、それをふまえてふれあいあそびやいないいないばぁあそびを軸に信頼関係づくりを試みますが、関係ができたという実感をなかなか得ることができませんでした。その後、園内ビデオ研修での討論をふまえ、なつみちゃんにとっての「楽しい瞬間」を検討する中で気づいたのは「静・動のあそび」という視点です。どちらかというと「静のあそび」が好きななつみちゃんの姿をふまえ、少人数グループでの保育や「実況アナウンス」として行動にことばを添える取り組みなどを重ねる中で、相手の反応を期待したり、友だちと顔を見合わせたりするうれしそうな表情が見られるようになりました。

「静のあそび」ということばには、人とかかわるあそびでは緊張して固まることが多い一方で、モノを使ったあそびでは楽しむことのできる様子が端的にあらわされています。この実践における保育者の働きかけのポイントは、モノとの関係を中心に感じられている子どもの楽しさに寄り添いつつ、“(保育者が) 見ているよ！”“(あそびの向こうには) 一緒に喜ぶヒトがいるよ！”というメッセージを積極的に送ったことです。そのようなメッセージが伝わりやすい環境づくりとして、少人数グループでの保育なども柔軟に試みています。「遊びこむ」様子をはじめとして、表情豊かにさまざまなあそびを楽しめるようになった姿は、働きかけを通じて「○○と」という相手に気づいた結果として考えることができるでしょう。

おとなとの関係が変化する節目にあるこの時期の子どもたちを前にしたとき、3項関係の成立における2つのタイプという視点を導入することで、この実践のようにそれぞれに応じて保育者の働きかけを変えていくことができます。また、具体的な働きかけとしては同じ「実況アナウンス」であっても、あそびなどの「活動」に気づかせることをねらいとする働きかけなのか、活動の向こう側にいる「相手」に気づかせることをねらいとする働きかけなのかを明確に意識したうえで実践を展開することが可能になるでしょう。そのような意味でこの実践には、この時期の子どもに対し「モノのやりとり」が単にできる関係にとどまらず、「心の交流」のある関係としての3項関係をより豊かに成立させていくヒントが多く隠されているのではないでしょうか。

column 4　０歳児保育の大変さとおもしろさ

第一そだち保育園は、０・１歳児のみの乳児園で、０歳児のクラス数は４クラスで１クラスの子どもの数は基本６人という少人数の月齢で分かれています。そのため、その月齢の子どもの姿をじっくりと見て保育することができ、０歳児の子どもの発達を学ぶには保育者としては適した環境にあります。

保育歴８年目ではじめての０歳児保育
――子どもの姿をどうとらえたらいいのか

私は、姉妹園である第二そだち保育園（2歳児から５歳児までの保育園）から異動し、１年目は０歳児のクラスのゆったりと流れる時間に心地よさを感じながら保育をしてきました。しかし、異動の当初はまだ０歳児の保育がしっかりと頭に入っておらず、子どもたちの姿の一つひとつのとらえ方に自信が持てませんでした。会議の中で、子どもの様子を話したときに、他の職員の「その見方は違うんじゃないか」という一言に落ち込むこともありました。

０歳児と言っても、たとえば「担任以外の保育者が部屋に入ってくるのを見て泣く子ども」がいたとして、月齢によってその子の内面は違ってきます。ひとみしりなのか？　担任がいなくなってしまうという不安感からくるものか？　など、そのときの私はよくわかっていませんでした。

また、子どもがなかなか泣きやまず、なんとか落ち着かせようとしてもうまくいかずあせることもしばしば。なぜここまで子どもが泣くのか？　向き合っているつもりが、あせりが先行し向き合いきれずにいたと思います。異動して１年目とはいえ、保育者になって８年目であるため、自分自身を情けないと感じる気持ちもありました。

子どもの内面とずれて保育が空回り
――このままではいけない

０歳児は子どもの成長がめまぐるしく変化していき、その時期の子どもの発達を理解していくことや、発達の流れを知り、その子が今どこの段階にきているかを確認することで、保育の手だても見えてくると思います。しかし、子どもの姿はわかりにくいことがあり、それが違う見方になって、子どもの内面とのずれが起こってしまい、保育も空回りしていたこともありました。まわりの職員の目も気になり、保育の悩みを率直に話すことがなかなかできませんでした。

そんな中、他の職員からのアドバイスも受け、“このままではいけないな”と気持ちを切り替え、保育歴は気にせず困ったときは会議などで相談していくことにしました。まわりに相談することで、ずいぶんと肩の力を抜いて保育に向かえるようになっていきました。

月齢幅の大きいクラスを受け持って
――クラスの保育をつくっていくむずかしさ

昨年度は、月齢幅のあるクラスを受け持ち、４ヵ月から１歳すぎの子どもたちの保育づくりをしてきました。まずは、それぞれの日課を整えることを目指しながら、その中で１人ひとりの子どもたちが心地よく過ごせるような生活を考えてきました。

入所したばかりの子どもたちは、なかなか日課が整わず睡眠時間も充分に取れなかったり、機嫌よく過ごせる時間もあまりない状況になることが多々ありました。みんながごはんを食べている時間に寝てしまったり、みんなが寝ているときに起きていたりと、保育者も落ち着かない日々が続きました。その子に１人保育者がついてしまうと、もう１人が他の子につかなければいけないことや、その子に赤ちゃん体操もしたいし、ふれあいあそびもしたいのにできない、と保育者として満足のいかない保育となっていました。

今この子にとって大切なことは？
――5分でも10分でも

１歳前までの子どもたちの日課はそれぞれ違い、月齢によって、またその日の家庭での生活リズムによって、保育園での日課も変わってくることがあります。それを頭に置きながら、クラスとして保育づくりをしていく大変さを昨年度はとくに痛感させられました。

そこで、担任間で今この子とどう向きあい何を大切に保育していくかを確認し、職員会議でもクラスで悩んでいることを出すようにしていきました。その中で気づいたことは、保育者の気持ち次第というところが大きいのでは、ということです。生活の中で、今はこの子とこの時間になら５分10分でもかかわれるからよし！　この時間を大切にしていこう！　という気持ちを持つことで、かなり保育者自身の気持ちにゆとりが生まれてきました。

今度はこんな対応をしてみよう！
――発達を学び職員みんなで考え合う

０歳児の子どもの発達は細かく、また、子どもの発達ペースも同じわけではありません。今でも相変わらず、なんでこんな姿が出てくるのかと悩むことがあります。でも少し長い目で見ていくことで気づくこともあるので、自分の中で「あれ？」と思ったり、小さな変化に気づいた時は、その日のうちに保育メモノート（→第Ⅲ部150ページ）に記録しておくようにしていきました。またその時期の子どもの発達段階を知ることで保育にも見通しが持て、これからこの子たちがこんな姿になっていくだろうと自分自身の中で保育を描けるようになりました。

その中で、“こんな取り組みをすると子どもたちが楽しめるのでは?!”“この子に、今度はこんな対応をしてみよう！”と頭に子どもの姿を思い浮かべ、それを保育に取り入れたときに実際に子どもの気持ちとピタッと合ったときは自分の喜びともなりました。そして、悩んだときに文献を開いて学習するだけでなく、それをまわりの職員にも相談し、ともに子どもの姿や保育を考えていくことで、今はここを大切にしながら保育をしていけばいいんだ！　と自信をもって保育ができたり、子どもの見方も広がり、保育の幅も広がっていくことを実感しました。

（見田村志津）

② 楽しさの積み重ね
期待する心を育むために

１歳前半～後半

０歳児における「文化に開かれた生活」の入り口となるのは、保護者や保育者を代表とするおとなとの関係です。３項関係の成立にあたっての援助のポイントを述べた前節に引き続き、本節ではそのプロセスを経て、おとなと新たな関係を切り結ぶことになった時期の子どもに対する保育実践に焦点をあてます。

「３項関係の成立」は、それ自体が単独で意味をもつわけではありません。それを「文化に開かれた生活」へとつなげるために必要な支えについて、２本の保育実践をもとに改めて考えていきましょう。

実践①　興味を引き出す「くり返し」

小林里恵・勝地明日香

４月は保育者との関係づくりを大事にしてきました。“○○くん（ちゃん）の好きなあそびは何かな？”“今、何を楽しんでいるのかな？”と個々の様子を見て探りながら一緒に遊んでいきました。

“ゆっくり散歩”で個々の興味に寄り添う

みんな、乳母車に乗って揺られていることや、まわりの景色が変わっていくことが気持ちよさそうだったので、体調や天候が悪くなければできるだけ外へ出かけていくことにしました。外の空気にふれ“気持ちがいいな”と感じていく中、“なんだ？　これは”と外界へ目が向くよう「気持ちがいいね」「ねえ、みて」「あったね」「○○だよ」「○○だね」など一つひとつくり返しことばをかけることを大切に散歩に出かけました。公園では乳母車から降りて、ござの上や芝生の上で草にふれたり、タンポポを見つけたり砂にふれたりして楽しみました。

くり返し散歩を楽しむ中、保育者のことばかけで子どもたちが“なに？”と保育者の顔を見るようになってきました。ことばをかけるだけではなく、うたを歌ったり、タンポポなどの花や草などを採って見せたり、実際にさわってみたり、見えるところまで行き「○○があったね」「ワンワン、いたね」など実物とことばが合うように、くり返しゆっくりと簡単なことばやうたで伝えてきました。座るタイプの乳母車で散歩に出かけ、心地よさそうな表情をうかべていたとおるくん（10ヵ月）。ある日、保育者が「♪タンポポひらいた～」と歌いながらタンポポをとおるくんの前に差し出すと、今まで乳母車の背もたれに身を任せて乗っていた姿勢がグッと前へ出てきました。そして、自分で体を支える姿勢に変わりました。

個々の興味があるところを見逃さないようにゆっくりすすみ、“子どもたちがどんなものやことに興味があるのか？”と探りながら声をかけていくようにしました。そして、何かに目が向いたときは立ち止まり、寄り添って感じる時間を大切にしてきました。その結果、「乳母車に乗っていることが気持ちよかった散歩」から、“なにかいいものあるかな？”“なに？”“みたい！”“ほしい！”という目的が出てきて、さらに散歩が楽しくなっていきました。

意欲を引き出す
――保育者との関係を通じて

ベタバイでの移動のとおるくん。マルチサークル（→89ページ写真）が出てくると、ベタバイでうれしそうにやってきます。そして、いつもトンネルの部分から出入りをしている姿がありました。“自分が入りやすい方法を知っているのかな？”と思いながらその様子をみていました。しかし、いろんな姿勢の変化を経験してほしいという保育者の思いもありました。そこでマルチサークル以外のあそびも取り入れ、階段のぼり、板坂のぼり、カラーボックス、ダンボール押しなどでは、腕で体を支えること、四ツバイの姿勢を経験することをねらいとし取り組んできました。運動面では少し気になるとおるくんですが、挑戦してみようという気持ちはもともと強く、そこを土台に働きかけをしていこうと保育者間で話をしました。

いざ働きかけをしていこうと考えたとき、とおるくんからの発信はいっぱいあるけど、保育者から働きかけをしたときの表情って今ひとつわかっていないように見えるけど、受け取る力はどうなんだろうか、と感じました。「とおるくんにとって、わかりやすく受け止めやすい働きかけとは？」と保育者間で再度話をして、毎日の生活の中でくり返し思いをうたに乗せて伝えたり、実物を見せながらやってみたりしていきました。

そんな中、再びマルチサークルで遊んでみると、以前のようにトンネルの部分からだけでなく、腕で体を支えたり、足で床をけったりしながら他の穴から入ろうとする姿も出てきていました。他のあそびを通しても力をつけてきたのだと感じた瞬間でした。「ワァ～、とおるくん、すごいね。よいしょ、かっこいいな～」と声をかけると、穴をくぐりぬけとても満足そうな表情のとおるくん。「やった～、うれしいね」という気持ちの共有も大切にしていきたいと感じました。

自分の気が向いたことには反応がよかったとおるくん。その反応を一つひとつていねいに見るだけではなく、彼の興味を探りながら、やらされるのではなく、“やりたい”という気持ちをどうつくっていくかが大事だっ

photo　自然の中で遊ぶ

上左　「あっ！」指差す方向にみんな注目！
散歩車は子ども一人ひとりの気づきを見落とさないように、停車しながらゆっくりゆっくりすすみます

上右　タンポポいっぱい……「みいつけた！」
同じ公園をくり返し訪れる

左　今度は何を見つけたのかな？
びっくりするくらい小さいものでも目ざとく見つける子どもたち

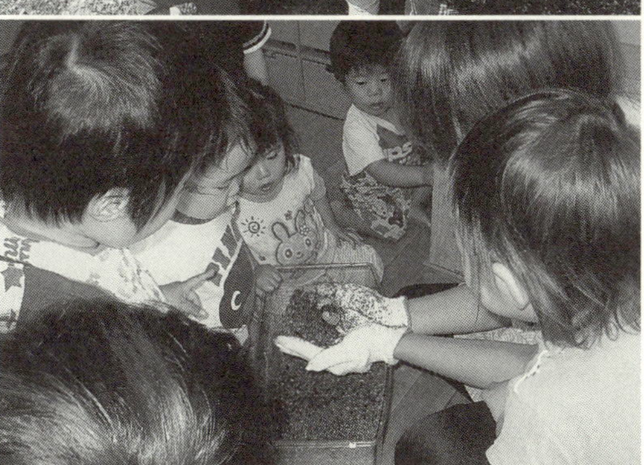

上左　「おーい、うさぎさーん」
ここを通るときはあいさつするのがお約束

上右　今日はいも掘り。シャベルでじょうずに掘れるかな？

左　「カブトムシの幼虫だよ。土の中でねんねしてるんだね」
成虫になるまで保育室でみんなで大事に見守ります

たのだと思いました。それには保育者との関係が不可欠です。嫌なことを受け止めるだけではなく、一緒に遊びながら、どこに興味を示しているのかを探り、“楽しいね”“おもしろいね”“○○だね”と目を合わせ、気持ちを共有していくことを大切にしてきました。

また、ものごとの一つひとつをことばやリズム、うたなどで確認したり、楽しいことを共有したりすることもくり返す中で、しだいに保育者のことばに耳を傾けるようになってきました。

実践②　ハッとする心の動きをつくり出す

久保理恵・笹川あかね

かずまくん（１歳３ヵ月）は、アンパンマンにこだわる姿が10月ごろにありました。部屋にあるバイキンマンの人形を見つけ、指さしては「アンパンマン！」と教えてくれ、朝のおはようで、その人形を使ってタッチするなどしてやりとりを楽しんでいました。しばらくすると、何をしても「アンパンマン」と言うかずまくん。朝のおはようの時間だけでなく、いろいろな場面でアンパンマンを見つけてはその世界に入ってしまうようでした。クラス会議にて話したところ、「ハッとする心の動きを保育者がつくり出し、かかわりを広げていこう」ということになり、取り組んでいくことにしました。

お面をかぶって登場！

朝の“おはよう”では、保育者がお面をかぶって登場してみました。かえる・うさぎ・にわとりなどのお面を、日替わりで変えながらかぶってみると、表情が変わり「あっ！」と指さすなど、いい反応が返ってきました。また、子どもたちの好きな手あそびなども“もう一回”というリクエストに応えたりして、くり返し楽しんできましたが、あまりいつも同じものにならないようにいろんなものを取り入れていきました。

11月に入って（１歳４ヵ月）、かずまくんがあまりアンパンマンにこだわらなくなってきたこともあって、これらの取り組みはなかなかやりきれずそのままになってしまいました。

目の前でりんごの皮むき

そして１月（１歳６ヵ月）、再びアンパンマンへのこだわりが出てきました。どんな小さなアンパンマンも見逃すことなく見つけて指さして保育者に教えたり、アンパンマンの色に似たもの（たとえばお手玉）に対してや、丸いもの（たとえばろく木の板についた丸い染み）に対してまでも「アンパンマン！」と言うようになりました。どこか視点が定まらないままアンパンマンのうたを歌っていることも多く、頭の中には常にアンパンマンがまわっているという感じでした。自分の世界に入り込んでしまうと、なかなかそこから抜け出せないでいます。そこで、以前途中で終わってしまっていた「ハッとする心の動き」をつくり出す取り組みを再びやっていくことになりました。

2月中旬（1歳7ヵ月）の午後のおやつの時間、給食担当のかな先生に来てもらい、りんごの皮むきを目の前でしてもらいました。「かな先生がりんごをむきむきしてくれるんだって！　呼んでみようか？」と話をすると、あきらくん（1歳9ヵ月）がエプロンを外して立ち上がり、カウンターの方へ行って呼ぼうとしてくれました。みんなで「オーイ！」と呼ぶと、かな先生が登場。りんごを持っているかな先生を“なんだろう？”とちょっと固まりながらじっと見ている子どもたち。早速りんごをむきむき……。するすると皮はむかれ、その皮に一番に手を伸ばしたのはかずまくん。ちょっと見つめたあとパクリ。そんなかずまくんを見ていたあきらくんとしんじくん（1歳7ヵ月）も、かな先生に皮をちょっともらって食べてみていました。こうすけくん（1歳8ヵ月）は、皮は“いらない”と首をふりながらも、かな先生の動きにくぎづけ！　じっと見つめていました。りんごを一人ずつ手渡してもらうと、表情の固いしんじくん。はじめてのことにちょっぴり不安そうな顔をしながらも、かな先生からしっかりりんごを受け取ります。こうすけくんもりんごには手を伸ばし、いつもでは見られないスピードで食べきっておかわりまでしていてびっくり！　あきらくんもとてもよく食べていました。みんながりんごを食べはじめても、かずまくんは皮に夢中。ぼーっとどこかを見ながらひたすら食べ続けていました。「かずまくんもどうぞ」とりんごを目の前に差し出されて、ハッと動きが止まったかずまくん。りんごを受け取り黙々と食べはじめたのでした。

comment　安定した日課を土台に引き出される発見の喜び

3項関係が成立したあと、9、10ヵ月～1歳前半ごろにとくに目につく活動として、指さし、初語、歩行のはじまりをあげることができます。手ざしから指さしへの移行は、目の前の対象が子どもにとって伝えたい何かとして立ちあらわれていることを示しているのでしょう（→第Ⅱ部85ページ）。このころに出現することの多い初語は、このような子どもの思いの延長線上にあるといえるかもしれません。さらに歩行の獲得を代表とする移動能力の深化は、この「伝えたい何か」を「発見」としておとなと共有することを可能にするでしょう。

3項関係の形成、すなわちおとなを参照できるとは、このような「発見」を他者に伝えることをはじめとして、あそびを“くり返し”楽しめるようになる前提条件がめばえたことであると理解できます。このことは、**図2**にあるように、子どもの中に“今、していることの実感”や“喜び”、またそれを基礎にした意欲、さらには1歳半をすぎての「表象＝行動のイメージ」の成立の基盤となるでしょう。ただし第I部でも述べたように、それが実際に成立するためにはおとなによる支えが欠かせません。この節で取り上げた2つの保育実践には、それにあたって保育者に求められる具体的な役割のヒントが含まれているように思います。

1歳前後の子どもの姿がおもに描かれている**実践①**においては、散歩や遊具で遊ぶといった活動をただ単にくり返すのではなく、それを通じて子ども自身の興味や意欲を引き出す取り組みが大切にされています。たとえば散歩においては、子どもの目が向いたときに立ち止まること、その際に子どもの興味・関心を引き出しつつ、“自分が思っていることだ”と気づけるように、という保育者の願いに沿ったさまざまな働きかけが工夫されています。

この時期の「散歩」は、子どもを「発見」へと誘うのに最適な活動の一つです。ただしそれは、ただ単に散歩という活動を日課の中に保障すればよい、というものではありません。指さしはおとなに受け止められたときにはじめて「発見」となり、興味・関心はおとなに代弁されたときにはじめて実感されるはずです。**実践①**にある、子どもの「期待する心」を育むことばがけの積み重ねがていねいになされてこそ、それが形になっていくのでしょう。「発見」の喜びを保育者と共有するプロセスは、後に訪れる話しことばの爆発的な伸びへとつながるのはもちろん、**実践①**のとおるくんのように、運動あそびの広がりまで展開しうる可能性を秘めています。

実践②から読み取れるのは、この時期の子どもの興味や意欲を引き出していくためのヒントです。こだわりが強く、アンパンマンの世界の外に興味が広がりにくいかずまくんに対し、お面を使ってみる、目の前でりんごの皮むきをしてもらうなど、2人の保育者は「ハッとする心の動きをつくる」ためのさまざまな試みをします。

この年の実践のまとめ会議で久保さんは、「子ども自身が受け止められたと実感できる瞬間は、楽しいあそびの中でのほうが得られやすいのではないか」とも書いていますが、この実践のおもしろさは、「思いの受け止め」を積極的にとらえ、子どもの興味や意欲を引き出し、子どもと一緒につくり出すものとしてとらえた点にあると思います。「りんごの皮むき」を試みたところ、「何がはじまるんだろう」というドキドキ感や「おいしいね」というやりとりが、かずまくんは他の子どもたちとくらべて少ないことに2人の保育者は改めて気づいたようです。一方で、思わずりんごの皮に手を伸ばす、ことばをかけられてハッと動きが止まるかずまくんの姿からは、この活動がこれまでとは違う世界へと一歩前に踏み出すきっかけになりつつあることが予感されます。

図２　３項関係形成以降の「くり返し」のプロセス

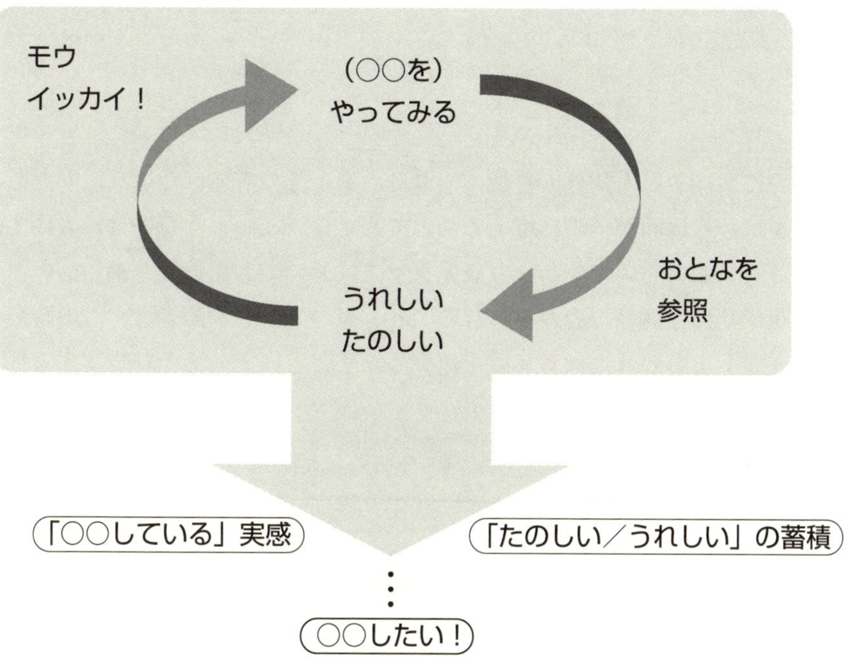

くり返しによってつくられる土台のうえで、「発見」の喜びを共有し、期待する心を育みつつ子どもとの関係を結んでいくこと、子どもの思いを「正面から受け止める」だけなく、子どもとともに心揺らせる快の場面をともにつくり出していくことは、文化的価値に開かれた生活へと向かう足場となるでしょう。「発見できる環境」も「ハッとする心の動き」も、ともに活動そのものの新しさがカギになるのではありません。たとえば散歩においては、子どもが楽しみにできるいくつかの「拠点」をくり返し訪れるほうが、新しい場所へ足を運ぶ以上に子どもたちは目新しい変化を「発見」しやすいと考えられます。同じように「ハッとする心の動き」につながる活動も、安定した日課があってこそ成り立っていきます。「文化に開かれた生活」に向かうにあたっては、活動そのものの新しさではなく、その際に子どもの思いをいかに引き出し、支えていくかがポイントになることを、最後に改めて強調しておきたいと思います。

あそびの広がりと深まり

友だちを手がかりに

１歳後半

１歳後半児における対人関係の特徴の一つは、第Ⅰ部でも述べたように友だちを手がかりにあそびを広げる場面が一挙に増えることでしょう。このような姿はおもに１歳児クラスにおいてみられると思いますが、０歳児クラスにおいても比較的月齢の高い子どもたちを中心に、後半期には同様の姿がみられることと思います。本節では、この時期の子ども集団の特徴がよくあらわれた保育実践を紹介し、子ども同士のあそびを支える保育者の役割を改めておさえていきたいと思います。

実践 “楽しい”体験でつながる・広がる

大谷由香里・島崎智恵・坂野早奈美

後半期、１歳３ヵ月から１歳７ヵ月までの12名でうさぎ組がスタートし、秋は散歩を中心に遊んできました。大洞公園（小道を隔てて園のすぐ隣にある公園）へも出かけたのですが、春のように子どもたちとゆったりとかかわって遊ぶというよりは、子どもたちがいろいろな所へ散って行ってしまうため“公園の外へ出て行ってしまわないか”“階段などの段差は大丈夫なのか”などと危険ばかりが気になり安全を見守るのが精一杯でした。これでは子どもと一緒に楽しんで遊ぶことができないと思い、散歩場所をもう一度見直し、近くの小学校へ行ってみることにしました。

小学校はよくウサギを見に行っていたこともあり、また門があるので外へ行こうとする危険がなかったのもあって散歩先に選んでみました。続けて行ってみることで散歩へ行く道中も「ウサギ」や「ランランラン」ということばを口にする子も出てきていました。ウサギを見たり、のぼり棒の所でクルクルと棒を軸に回ったり、「バアー」と保育者と顔を合わせることを楽しんだりと、子どもたちが楽しんでいるところへ保育者が入り、遊ぶことができました。

この日は子どもたちの人数が少なかったので、小学校へは２人の保育者で散歩へ出かけました。島崎保育士は大遅番の勤務だったので代わりに臼田保育士が入ってくれていました。ウサギ小屋より奥の広い空間では子どもたちが散りすぎてしまうのではないかと思い、今まではそこで遊んでこなかったのですが、この日はまわりののぼり棒や岩の遊具などを気にせず、落ち葉でたくさん遊んでみたいと思い、ウサギ小屋の奥へと行ってみました。すべての子が同じ空間で遊ぶことは想定していなかったのですが、この日は臼田保育士が「なんかいいことしているよ」「先生どこかな？」と子どもたちに働きかけてくれていたので、いつの間にか子どもたちが近くに集まり、葉っぱの上をカサカサと踏み鳴らしたり、パラパラと葉っぱを舞い上げたりして遊んでいました。楽しんでいることはそれぞれ違うけれど、保育者の近くで安心して遊んでいるようでした。この時の子どもたちの様子を、散歩へは行かなかった島崎保育士・坂野保育士にあとから伝え、その後広い空間でも遊んでみることにしてみました。

ちょうど焼き芋の経験をしていく時期でもあり、ただ葉っぱをパラパラするところから「イモ」ということばが子どもたちから少しずつ出てきました。それぞれに残っている焼き芋の印象は少しずつ違うのかもしれませんが、場所は違いながらも保育者が「パラパラ～」「ヤキヤキ」などことばを一緒に言っていくことで、体験したことを思い出し遊ぶようになっていました。

再び公園へ
――“これ、知ってる！”

小学校で子どもたちの遊ぶ姿も少しずつですが変わってきていたので、９月の中旬ごろには遊べなかった大洞公園に再び行ってみてはどうかと思い、試しに出かけることにしました。久しぶりの大洞公園なので“子どもたちはどんな姿を見せるのだろうか？”と保育者の中では期待と不安の両方がありました。

公園ではシーソーが気になって向かっていきそうだなと思いながら、乳母車から子どもたちを降ろすと予想通り子どもたちはシーソーへと向かって走っていき、シーソーにまたがって乗りはじめました。そこでシーソーが動かないように保育者が支えながら「……♪バスに乗って揺られてる～ゴッゴッ……」（「バスにのって」作詞／作曲 谷口國博）と歌ってみました。すると、あとからきた子も同じようにシーソーにまたがり、うたに合わせて体を揺らしバスに乗ったつもりになっていました。シーソーのすぐ横にはベンチもあり、そこに座った子も同じように乗ったつもりになっていました。うたが終わると子どもたちの中から「もう一回！」と声がたくさん出てきて、しばらくそこでくり返し楽しむことができました。

以前、１歳児くじら組の子どもたちが大洞公園でまとまって遊んでいるのを見て、“うさぎ組もそのうちこんな姿になっていくのだろうか……まだまだ先なんだろうな……”と思っていたのですが、この日がはじめて“うさぎ組の子どもたちもこんなふうに近くに集まって同じようにあそびが楽しめるんだ”と感じた日でした。この日はシーソーのある空間から子どもたちが出て行かず、同じ空間で遊び、“なんとなく友だちと一緒がうれしい”ような、今までには感じなかったあたたかい雰囲気がその空間の中にあったように思います。

そのようになったのも「♪バスに乗って揺

られてる～」のうたを日々の保育の中でくり返し楽しんできていたこととつながっていると思います。９月ぐらいから着替えの時などに「イヤー」という姿も出てきていたので、楽しみながら着替えていけるといいのではないかと、こういう時間も１対１でバスのうたを歌ったりして楽しんできました。それもあって大洞公園でシーソーに乗って保育者が歌いはじめた時に、子どもたちは“あっ！　これ知ってる！”とつながって、みんなで楽しめたのかなと思います。焼き芋も確かに子どもたちの知っているものではあったのですが、この時の子どもたちにとってはバスのうたのほうが“知ってる！”とピンと感じ、一緒に楽しめるものの一つだったのではと思いました。

つながるのがうれしい

午睡明けは着替えが終わった子、起きて着替えている子と当たり前に時間差があります。２月上旬のこの日は着替え終わった子３人ほどが部屋の中をぐるぐると走り回っていて、何か落ち着かない雰囲気でした。

走っている子たちは友だちと同じように走って楽しそうではあったのですが、その時は午睡明けということもあり、ちょっと体を動かしながらもゆったりできるといいかなと思い「♪手をつなごう、みんなで手をつなごう～」（「手をつなごう」作詞 中川李枝子、作曲 諸井誠）と歌って近くにいる子と遊んでみることにしました。

このリズムはそのうちに友だちと一緒に手をつないで楽しめるといいなと思い、ふだんから取り組んでいたので、すぐに“自分もやりたい”と近くにいた子が手を出してきました。そしてうたが終わると「もう一回！」とすぐに声が返ってきました。「じゃあもう一回やる？」と子どもたちのやりたいという気持ちに応えてうたを歌いはじめると、着替えてゆっくりと絵本を見ていた子も保育者へ本を返しにきて、一緒に“手をつなごう”のリズムに入ってきました。保育者とつなぎたい子もいますが、友だちの近くへ行き、空いている手のほうへと手を出している姿もありました。すでに手をつないでいる子は自分がつないでいることに精一杯なところもあるので「○○ちゃん、△△ちゃんが手つなごうだって」と声をかけると、ふっと横を見て一緒に手をつなぐ姿もありました。

保育者と２人の子どもからはじまったのですが、子どもたちの「もう一回」に応えていくうちに着替えが終わった子もくわわり、８人ほどの子どもたちが友だちと手をつなげたことにうれしそうにしていました。きれいに丸くなっていなくても、つないだ向きが前後違っていても一生懸命に子どもたちはつないだので、ただただ“つなげることがうれしい”様子でした。手をつないでいない子も他のことをしているわけでもなく、つないでいる様子を楽しそうに笑って見ていました。

その時の保育者の体制は、１人は着替えを手伝い、もう１人はおやつの準備をしていて、子どもたちと一緒にできるのは１人だけだったのですが、“子どもたちだけでもこんなふうにできるんだ”と子どもたちの気持ちが友だちへと向いていることに驚きました。

部屋の中には“友だちと手をつなげてうれ

しい”という雰囲気がありました。今までは片方の手は友だちとつないでいても、もう片方の手は保育者とつないでいたい子どもたちだったので、うれしそうに手をつないでいる姿をみて、保育者も一緒に“うれしいね”と感じることができました。また、子どもたちは一生懸命に手をつなごうとしているのだから「♪おなべの中ではねました　ポン」とうたが終わったときにやっと手をつないだのではおもしろくないと思い、同じ部分をくり返し歌いつつ楽しみながら少し待つようにしてあげると、歌い終った時には手をつなげた状態で終わっていたので、“できたね”という満足感も漂っていました。

ハッとすることからつながりたい

一方的な発信が多く、なかなか保育者とのやりとりがかみ合わないけんちゃん（１歳10ヵ月）。「どんなことが好きなのだろうか？」と探る中で、ある日の夕方に新聞あそびをしました。

けんちゃんは一枚の新聞を持っていつものように黙々と新聞を小さくちぎっていました。他の子がまわりをうろうろとしていても気にならない様子。集中して遊べることもいいけれど、この日は何かけんちゃんと一緒に楽しめることってないのかなと思い、新聞を少しだけ破り片方は保育者が持ち、もう片方をけんちゃんに「見てみて、けんちゃん。ピリーッしてみる？」と差し出してみました。けんちゃんはふっと顔を上げ、差し出された新聞に何かわからないけれど手をのばしてくれたので、まずは「ビリーッ」とことばをつけて一緒に破ってみました。破るとけんちゃんの目は破れた新聞のほうへと向いていて、保育者には関心がないようでした。

そこで、簡単に破れてしまうのではなく、少し破るのに力がいり“あれ？”と思えるといいのではないかと思い、少し新聞をねじってけんちゃんの前に差し出してみました。はじめにやった時と同じようにけんちゃんは新聞の片方を持って破ろうとしたのですが、破りにくくしてあったのですぐには破れません。何か気づいてくれるかなとけんちゃんの表情を見ると“あれっ”という表情をしたので、そのまま保育者が「ギュー」と言って少し新聞を引っぱってみました。するとけんちゃんにも力が入り、保育者を見て新聞を引っぱりはじめ、新聞は破れ２人とも少し後ろへと倒れてしまいました。そしてけんちゃんからケラケラケラッと笑いが出てきました。今までもけんちゃんはいろいろなところで楽しそうに笑う姿はあったのですが、この時は何かいつもと違い、けんちゃんとの距離が近づいたようでした。

その後、けんちゃんから「もう一回！」とことばが出てきました。保育者が「やる？」と新聞を差し出すと、期待したまなざしで保育者が「せーの」と声をかけるのを待っているようでした。うまく表現できないのですが、しばらくの間このやりとりを楽しむことができました。

今でも新聞あそびがはじまると、けんちゃんは新聞を持って保育者のところへ来て“一緒に破ろう”と新聞を差し出しています。“あの時、楽しかった”という思いをけんちゃんの中に積み重ねることができたのかなと思います。

けんちゃんの気になる姿ばかりに気持ちがいっていたのですが、改めてけんちゃんの好きなことは何か？　と考えることで、そこからもう一度、保育者との関係を見直すことができました。けんちゃんの姿が急に変わったわけではないけれど、このことが次の何かにつながっていればいいなと思いました。

一人の楽しいことがみんなに広がる

保育者と新聞を引っぱって破るやりとりでけんちゃんがとても楽しそうに笑っている様子はまわりにも見え、だんだんとクラスの子どもたちが集まってきました。そして、保育者とけんちゃんの２人が笑う瞬間に同じように笑って見ていました。しばらくは見て一緒に笑っていたのですが、そのうちに近くに寄ってきて「やって！」と言って新聞を差し出しはじめました。「みさちゃん（１歳10ヵ月）もだって」「こうちゃん（１歳10ヵ月）もだって」と一緒に新聞を引っぱり遊びはじめると、はじめは保育者と笑い合っていたのですが、そのうちに隣にいる友だちの方を向いて笑い合う姿もありました。

保育者とけんちゃんとの２人のやりとりをしたいと思ってはじめたことでしたが、この２人の“楽しい”という雰囲気はまわりにも広がり、“自分もやりたい”という気持ちから“なんか楽しいね”と笑い合える空気が流れました。きっと子どもたちの目が保育者だけでなくまわりへと向かってきているから“なんか楽しいね”と一緒に笑い合えたのだと思います。

comment　保育者を支えに踏み出す友だちとの関係

いわゆる「１歳半の節目」の時期から少しあとの１歳７～８ヵ月を多くの子どもがすぎるころ、保育の中では「子どもたちの関係が変わった」「集団の雰囲気が変わった」と感じられることが増えるのではないかと思います。そう感じられる原因の多くは、おそらくこの実践にあるように、子ども同士がともにつながりあって遊ぶ場面が一挙に増える様子にあるのでしょう。このような結びつきを支えるために、保育者にはどんな役割が求められるのでしょうか。

小学校でのあそび経験を重ねる中で、保育者を軸に同じ空間で遊べるのが楽しくなった子どもたち。久しぶりに足を運んだ公園で、保育者のうたをきっかけに子ども同士がバスに乗ったイメージでつながっていきます。頭の中にイメージを「表象」として思い浮かべる力を手に入れた子どもたちは、これまでのようにおとなに思いを受け止められることを積み重ねる関係から一歩前に踏み出し、友だちへと徐々に気持ちを向け、そこで楽しさをふくらませていく関係へとあゆみをすすめます。このとき保育者の役割は、これまでのように子どもの思いを直接向き合って受け止めつつ、楽しみ方を具体的に提示することから、子ども同士をつなげ、互いのかかわりの心地よさを支えることへと変化していくでしょう。

この実践には、保育者のうたをきっかけに子ども同士のイメージがつながり、さらにふくらむ様子が公園の場面以外にも随所に描かれています。頭の中にイメージがめばえはじめる時期だからこそ、保育者によるちょっとした支えや提案によって、子どもたちは友だちの中へ積極的に足を踏み入れたり、踏み入れないまでもそばで見て、雰囲気を感じながら思いをめぐらせたりすることができるのでしょう。

このようなつながりができるベースには、これまで積み重ねてきた保育者との１対１の関係があったと、この時の保育者たちもあとでふり返っています。思い浮かべる力を手に入れ、ひとりの「子ども」としての新たな一歩を踏み出しはじめたとはいえ、まだこの時期の子どもたちはことばだけでイメージをふくらませたり、自らの力だけで友だちとつながっていけたりするわけではありません。だからこそ、けんちゃんの例のような１対１のあそびにおける楽しさをみんなに広げていく取り組みや、新聞紙をねじるなどのちょっとした道具の工夫が、他者と気持ちを響き合わせる際の支えとして大きな意味をもちます。そしてこの時期に保育者を支えとして友だちとともに楽しさを味わう経験を日々積み重ねていくことが、後に行事を代表とする共通体験をよりいっそう楽しむことへとつながっていくのでしょう。

column 5　豊かな文化との出会い――うた・絵本・描画・造形

うた

第一そだち保育園を訪れた方の感想に、必ず「うたをいっぱい歌うんですね」というようなものがあります。みんなあまり意識しないで歌っているので、その感想を聞いて逆に「えっ?!　これがふつうじゃないの??」と不思議な感じがします。それほど生活のあらゆる場面で、保育者はいろいろなうたを歌っています。

なぜ、こんなに生活の中に「うた」があふれているのでしょうか。それは、うたを通して子どもたちがハッと心を動かしている様子が伝わってきたり、保育士の生の声で心地よさを感じていると思われるからです。保育者は、子どものうれしそうな、楽しそうな表情や“なに？”とじっと耳を澄ましている表情に出会うと、さらに「このうたはどうかな？」と歌ってみたくなります。他の保育者が歌ったうたに子どもが反応していると、「なになに？」と聞き入ったり「もう一回歌って！」とリクエストしながら一人ひとりのレパートリーが増えていっています。

月齢の高いクラスでは生活に根ざしたうた、季節のうたも大切にしています。実際に見たもの・経験したことと結びついていき、“知ってるよ！”という喜びにつながります。保育者が歌うと、「ン！　ン！」と言いながら、“これと一緒だよね！”と目を輝かせて伝えてくれます。

また、うたで友だちとつながるうれしさも経験していきます。手つなぎのうたや、うたにあわせて一緒に楽しそうに歌ったり体を動かす友だちの存在に気づき、一緒に笑い合う姿もたくさん出てきます。手あそびうたなど動作をうれしそうにまねしていたりもします。「心地よさ・楽しさの共有」がうたを通してできているようです。この時期にはまねっこしたくなる楽しいうたが大切だねと確認されています。

うたを通して子どもの中に育つものはたくさんあると思います。０歳児期には、大好きなおとなのあたたかい声・リズムにふれ、心地よさを感じていけるようにしていきたいと思っています。うたを通して心が動き、うたが大好きになり、「通じ合う喜び」をおとなや友だちと感じ合えることを大切にしたいです。

絵本

最初は１対１や、少人数での読み聞かせを大切にしています。子どもたちの発達やあそびの様子に合わせ、本の内容も選んでいます。

はじめはキョトンとした表情だったり、本をさわりたくて手を伸ばしてきたり、絵本を楽しむといった様子ではありません。でも、くり返し読む中でリズムを心地よく感じたり、「次は、あれがくるぞ～」と期待するようになったります。食い入るように見つめたり、保育者の読む声に合わせて体を揺すっていたりします。ページをめくるごとにニコッと笑い、次に“おもしろいよね”とでも言うように保育者をふり返ってニコッと笑い、保育者がそれにニコッと笑い返すと満足そうにまた本を見る、そんな姿がとてもかわいいと思います。また、だんだんことばやしぐさのまねっこも楽しくなっていきます。絵本を通して、やりとりも楽しみ、保育者や友だちと「楽しいね、うれしいね」と心も通っていくのだと思います。

保育者が読むときだけでなく、子どもが自分で絵本を手にして見ている時にも、こんな姿が出てきます。０歳後半ごろには、保育者が読むだけでなく、子どもが自分で手にとって楽しめるようにもしています。

子どももおとなも「おもしろい」「楽しい」「心地よい」と感じられる、いろいろな絵本との出会いを大切にしたいと思います。

描画・造形

描画は１歳ごろから楽しみますが、それ以前から感触あそびを楽しんでいます。小麦粉・片栗粉・パン粉・寒天・ゼリーなど、いろいろな素材を使っています。粉で遊んだり、水をくわえたり、加熱してのり状にしたりと、いろんな感触を用意しています。

感触あそびでは“気持ちいい”だけでなく、“イヤ”と感じることもよくあります。それだけ心が動きやすい活動なのだと思います。嫌がる子には無理強いせず、いろいろな素材や設定のしかたを工夫したり、くり返し遊び、楽しそうにしている保育者や友だちの様子をみることで、“おもしろそう”“さわってみようかな”“やってみようかな”と気持ちが動くのを待つようにしています。

感触あそびを通して、子どもたちの中に“やってみようかな”という意欲や、“おもしろそう”という期待感がいっぱいふくらんでいると感じています。保育者自身も遊びながら「気持ちいい！」「おもしろい！」と心が動きやすいあそびなので、クラスがより楽しい雰囲気に包まれるのかもしれません。

描画では、はじめてペンを握る子もいます。はじめての描画は、担任間で保育を工夫しながら１対１でていねいに子どもの発信を受け止められるように取り組んでいます。子どもたちは不思議そうにペンをみつめたり、手や紙についた色をみて「アッ」と声をあげたりしながら、保育者に“ねぇ！　おもしろいよ”“なんだか不思議だよ”と同意を求めるように視線を投げかけてくれます。「おもしろいね」「うんうん、ついたね」と返していくと、満足したようにまた描きはじめたりペンを見つめたりします。描くこと自体楽しい活動ですが、それだけでなくこうした「やりとり」を通して子どもの中に「受け止めてもらえた」という満足感も育っていると感じます。

描画活動というとちょっと構えてしまう人が多いようですが、取り組んでみると予想以上の子どものすてきな表情に出会うことができ、だんだん構えもなくなっていきます。乳児期から描くことが生活の中に当たり前にある、心がいっぱい動く環境をつくることで、豊かな感性を育んでいきたいと思います。

（中村真理）

photo　豊かな文化との出会い

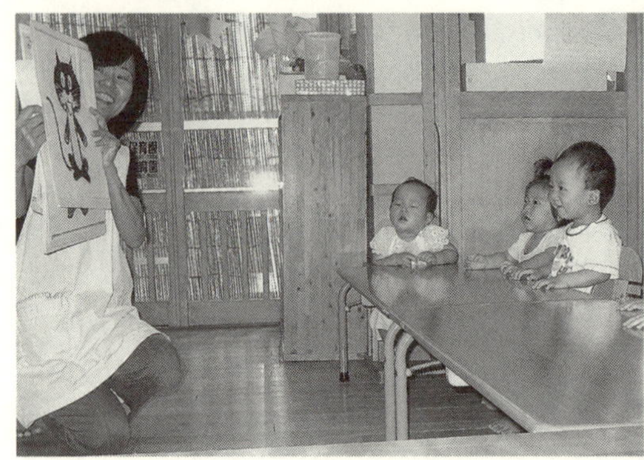

photo　さまざまな感触との出会い

上左　片栗粉――さらさらキュッキュの感触を味わったあとは、少しずつ水を加えて、変化していく感触を楽しみます
上右　小麦粉と水――テラスでぬたくりあそび
左　絵の具――大きな画用紙を用意して
下左　寒天――プルンとした感触がたまらない！
下右　新聞紙――ビリビリ破いて楽しんだあとは体ごと埋もれてしまいました

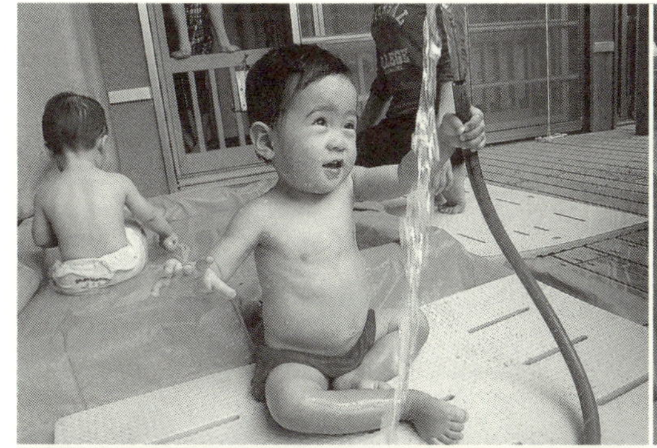

上左　水あそび（テラス）
上右　水あそび（保育室）
　　　大きなビニール袋に水を入れて
　左　砂場あそびの様子も回数を重ねるごとに変化

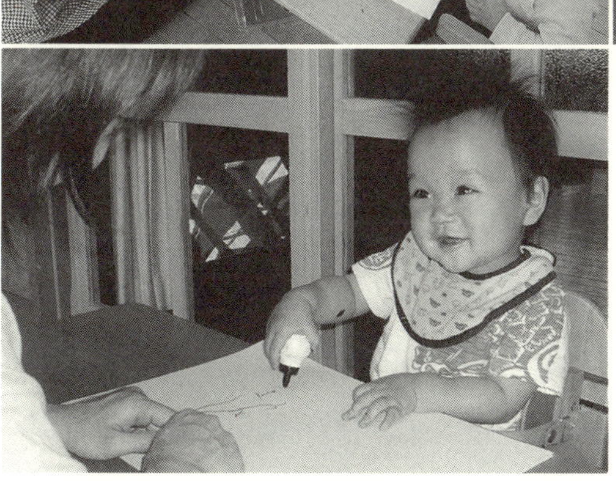

上左　節分の鬼の顔をタンポで赤く色づけ
上右　大きなこいのぼりをタンポで色づけ
　左　はじめての描画
　　　線が出る喜びが顔じゅうにあふれます

1 内田伸子・岡村佳子 1995 乳幼児を育てる 岩波書店

2 松本博雄 2006 保育所における「家庭的な保育」について考える：0歳児保育の実践から 保育子育て研究所年報（名古屋短期大学・桜花学園大学保育学部), 第3号, 30-36.

3 赤木和重・社会福祉法人コスモス 2009 見方が変われば願いが見える：保育・障害者作業所の実践を拓く クリエイツかもがわ

4 根ヶ山光一・星三和子・土谷みち子・松永静子・汐見稔幸 2007 保育士による観察記録から：0歳児の「泣き」ウォッチング 乳児保育と赤ちゃん学, 2, 14-17.

5 前掲書3

6 白石正久 1994 発達の扉〈上〉：子どもの発達の道すじ かもがわ出版

7 常田美穂 2007 乳児期の共同注意の発達における母親の支持的行動の役割 発達心理学研究, 18, 97-108.

0歳児クラスの保育をどうつくるか

第Ⅲ部では、第Ⅱ部で展開されてきた保育実践の背景にはどのような保育の計画があるのか、そしてその計画はどのような対話のプロセスを経て導かれてきたのかを検討したいと思います。0歳児の姿をふまえて保育の計画を組み立て、実践をふり返り、さらにそれを磨き上げて明日の保育計画そして次なる実践へとつなげていくための手がかりを、私たちはいかに考えることができるでしょうか。

はじめに、第Ⅱ部でとりあげた第一そだち保育園（愛知県春日井市）において、年度当初に行われる保育の計画が具体的に立ち上がるまでのプロセスをみてみます。ここでの計画づくりは、まずはクラス方針に関する担当者間の対話にはじまり、さらには年間保育計画づくりへと展開していきます。ポイントは、保育の計画が単なる前年度のコピーではなく、それを参考にしつつもあくまでその年度における担当者間の対話の成果として立ち上がっていること、計画の作成にあたっては「クラス方針」についての対話が先にあり、具体的な活動を含んだ計画はそれをふまえたうえで成り立っていることの2点です。ここからは、144～145ページに示されている「年間保育計画（案）」**（資料3）**は、0歳児クラスにおける保育の計画の「理想像」ではなく、第一そだち保育園の、その年度における計画の一例にすぎないということが理解できます。したがって読者のみなさんには、本書に示されている年間保育計画の例を「お手本」として扱わないことをお願いしたいと思います。紙面からは、計画の立ち上げに至るまでの対話のプロセスを大いに味わっていただき、みなさんの園で計画を組み立てる際の一例として、そのエッセンスをつかんでいただければ幸いです。

続いてとりあげるのは、このような対話を通じて立ち上げられた保育の計画が、日々の保育実践が展開される中で見直され、書き換えられ、次なる計画そして実践へとつながる様相です。具体的には、日々の保育をふり返るための記録方法の工夫と、園内でのビデオを用いた研修の2点を示すとともに、それらが用いられることで保育実践が深まっていくさまを追っていきたいと思います。

保育の計画を立ち上げていくまでの記録および対話のすすめ方には、各園のおかれた状況により、さまざまなスタイルそして工夫がありえるでしょう。改めて強調しておきたいのは、第Ⅱ部で紹介したような第一そだち保育園の保育実践記録は、書くことが得意で、記録をまとめる特別な力量をもった保育者の手によってまとめられたものではないということです。その土台には、この第Ⅲ部の本文中にも収録されているような、日々の子どもの姿を記録した何気ないメモの積み重ねがあります。これらは自己評価のための点検表や、いわゆる保育所児童保育要録、保育経過記録等とは質の異なるものですし、鯨岡峻氏・鯨岡和子氏が提唱するような「エピソード記述」[1]ほど長く書かれたものでもありません。「実践を省察し、次なる計画へ」とは保育計画に関する議論のなかで一般によく聞かれることばですが、それは実際にどのようなかたちで展開しうるか、ここで示される例を手がかりとして、魅力的な保育をつくるために各園でできることを探っていきたいと思います。

そして第Ⅲ部の最後に示す保育実践は、第一そだち保育園における保育実践の中でも、とくに「対話」が実践展開の鍵となったものを選びました。

保育実践とは本来、第三者によって作られた「計画」にしたがってすすめられていく質のものではなく、保育の担い手である保育者自身によって考えられ、工夫されるべきものです。第Ⅲ部全体を通じて展開される「対話」は、そのプロセスにおける中心的な役割を果たすものではないかと考えます。第Ⅲ部には、読者のみなさんがこれからそれぞれの園で保育をすすめるにあたって、それを実際に支える計画を練り上げ、実践をすすめ、さらにそれを次の計画・実践へと結びつけていくヒントがあちこちにちりばめられています。本当の意味で保育を魅力的にするための計画の立て方・ふり返り方について、ともに考えて、明日からの保育づくりに向けて新たな一歩を踏み出していきましょう。

第１章

私たちオリジナルの保育計画をつくる

1 対話からはじまる計画づくり

担任同士の保育観の交流

第Ⅱ部でも紹介したように、第一そだち保育園は、０歳児定員21名、１歳児定員24名を合わせて、計45名定員の保育園です。０歳児は年度末に４クラス成立しますが、ほとんどが途中入所のため、新たなクラスがいつごろ成立するか４月の時点では予想がたちません。よって年度はじめにクラスは分けるものの、月齢を上と下にグループで分ける感覚で柔軟にクラス保育をつくっていきます。

今年度の４月、０歳児は10名。月齢で５人ずつに分け、ひよこ組（月齢が高い子どもたち――４月時点で９～11ヵ月ごろまで）とたまご組（月齢が低い子どもたち――産休明け～８ヵ月ごろまで）でスタートすることにしました。ここではとくにひよこ組の姿に焦点をあてながら、目標や計画が立てられていくさまを描くことで、計画をつくるための対話と討論におけるポイントを考えていきましょう。

保育者の“やってみたい！”も盛り込む

クラス方針づくり

はじめに行われるのは、年間のクラス方針づくりの話し合いです。４月当初の方針会議で、前年の保育のまとめとして「０歳児保育のここを大事にしていこう」などと話された内容や、そこから本年度の保育に引き継ぎたいことを確認し合います。各クラスでそれをもとにしながら、クラス目標とそれにむけて自分たちが大切にしたいことやこだわっていきたいことなどの話し合いをし、クラス方針をまとめていきます。

クラス方針案は、本年度の高月齢グループ担当予定の保育者全員で話し合ってから方針案を決めたかったのですが、なかなか話す時間が取れませんでした。そこで、まずはクラスチーフが前年の方針をもとに今年度の方針案をつくり、それをたたき台にひよこ組担任で話し合うことにしました。

本年度ひよこ組を主に受け持つメンバーは、保育歴９年目で、０歳児担当ははじめてのチーフ・坂野さん、保育歴２年目で、ひよこ組担任も２年目の宮地さん、保育歴９年目で、０歳児は何度か担当したことのあるフリー保育者の近藤さんの３名です。

坂野　「私、０歳児担当ははじめての経験だから、去年のものは文章がすごく細かかったように感じた。今年の案をつくっていていっぱいわかんないことが出てきちゃって。一つひとつ意味を聞きたいんだけど」

近藤　「いいですよ。そうですね、私たちも読んで理解しやすい文章にしていくといいですよね」

坂野　「去年の方針は『その子が何を訴えているのかを探り、その気持ちに共感していき手だてを考えていく（言葉や表情で返していく）』と書いてあるけど、それが子ども自身にもわかるように、実感できるようにしたいと思う。返していっても子どもに通じないと意味がないよね……。宮地先生はどう？」

宮地　「去年はじめて保育してみて、子どもが安心して過ごしていけると気持ちも出せるようになるということがわかりました。関係づくりだけじゃなくて、気持ちを出せるところまで入れたらどうかなぁと思うんですけど……」

坂野　「すごいね。それいいと思うよ。じゃあ今年の方針に足していこうね」

宮地・近藤「はい」

このような話し合いを経て、「保育者との安心できる関係づくりをしていく中で、気持ちを出せるようにしていく」を本年度のクラス方針における大きな柱にしました。その柱に沿って、具体的にどんなことを大事にしながら保育していくかについても話していきます。

坂野　「関係をつくるためには、気持ちを受け止めることが大切だね」

近藤　「そうですよね。一人ひとりに合った働きかけをすることも大事ですよね」

坂野　「まだ言葉で伝えられないから、この子はどんな願いを持っているのかな？　って探らないとね」

近藤　「子どもが“やりたい！”って気持ちを発信するのを大事にしたい、って去年の保育のまとめ会議で話したね」

宮地　「そうですね。ちゃんと受け止めてくれる人がいるから発信するんですよね」

坂野　「“やりたい！”をつくるには環境設定も大事だね。手づくりおもちゃもできるだけつくっていきたいね」

宮地・近藤「はい。がんばってつくりましょう！」

その結果、今年度のクラス方針の第一の柱は次のように決まりました。

ひよこ組クラス方針〈その１〉

●保育者との安心できる関係づくりをしていく中で、気持ちを出せるようにしていく

・一人ひとりの子どもの気持ちを受け止める。

・一人ひとりの子どもの表情・声・動作などから、その子の要求を探り、その子が“受け止められた”という実感が持てるような手だてを考えていく。

・一人ひとりの子どもが、生活やあそびの場面で、今何をしているのかがわかるような環境設定をしていく。
・子どもが“やってみよう”と思える環境設定をしていく。
・発達に応じたおもちゃを設定する（できれば手づくりおもちゃをつくる）。

さて、二つ目の柱づくりに向けて、担当者間の話し合いはまだまだ続いていきます。

坂野　「宮地先生と近藤先生は去年この月齢の子どもたちを担任していたよね。この時期の子どもたちの友だちとの関係ってどんなふうだった？」
近藤　「友だちを見て、まねっこする姿があったし、“同じことやりたい”って気持ちが出てきてた」
宮地　「ありました、ありました」
坂野　「じゃあ、保育者とだけじゃなくて友だちへの関心も広がっていけるかな。でも無理があったらいけないよね……かかわる楽しさまでわかる？」
宮地　「ちょっと関心が出てくる、ぐらいまでかな……」
坂野　「かかわってどうのこうのまではむずかしいってことだね」
宮地　「そうですね」
坂野　「じゃあ『友だちへと関心を広げていく』っていうのはどう？」
近藤　「いいですね。それでいきましょう」

こうして二つ目の柱として「友だちへと関心を広げていく」という方針が固まりました。そのためにとくに力を入れたいこととして、さらに次の話し合いを経て、第二の柱の内容も具体的に決めることができました。

坂野　「去年の保育のまとめで、たまご組がつながりあそびうたやわらべうたをいっぱい取り組んでよかったという報告があって、その子たちが今年はこのクラスだし、引き続き大事にやっていけるといいなと思うんだけど……」
近藤　「そうですね」
宮地　「やっていきたいですね」

ひよこ組クラス方針〈その２〉

●保育者との関係を土台にしながら、友だちへと関心を広げていく

・まねっこをする、つながりあそびうた、わらべうたなどを生活やあそびの場面で積極的にしていく。

それぞれの保育者が思い描く子どもの姿についてのイメージが、話し合いを通じて徐々に形になってきました。本年度のひよこ組で大切にしたいこととして、他にはどんなことがあげられたのでしょうか。

近藤　「０歳児はとくに父母と関係をつくって保育を考えていくのが大事だよね」

坂野　「去年の方針で『子どもに対する思いは同じという共感関係ができ、そこから子どものことを一緒に考えていきたい』ってあるけど、『そこから』って、どこから？」

近藤　「えっ⁈　どこから……？」

宮地　「共感関係があって、ってことだから、それを土台にするってことかなぁ……」

坂野　「なるほどね。そのほうが私はわかりやすい！　それにしようよ」

近藤　「いいですね。それでいきましょう」

坂野　「幼児もかわいいけど、０歳児ってホントにかわいいよね～」

宮地　「そうですね。そういう気持ちをお父さんやお母さんといっぱいおしゃべりしたいですね」

坂野　「そうだね。子どもをかわいいって思う気持ちを共有するところからはじめるといいかもね」

近藤　「伝えたいこともいっぱいあるけど、まずはそこからですね」

こうして、保護者との関係づくりについての方針が三つ目にくわわりました。さらに次のような話し合いを経て、０歳児保育においてはとくに欠かせない「担任同士の連携」について確認され、それも本年度のクラス方針の四つ目としてくわえられることになりました。

坂野　「『担任間で（子ども・父母の）見方を話し合い、それを深めていく』って去年はなっていたけど、『それを』ってわかりにくいなと思う」

近藤　「それぞれのことを理解しよう、というほうがわかりやすいんじゃないですか？」

宮地　「そうですね」

坂野　「うん。そのほうがわかりやすい。じゃあ、そう書き換えようね」

ひよこ組クラス方針〈その３・その４〉

●父母との関係をつくっていく

・子どもがかわいい・愛おしいという気持ちを父母と伝え合うことで、子どもに対する思いは同じという共感関係をつくる。それを土台に、子どものことを一緒に考えていく。

●担任間で一人ひとりの子ども・父母について見方を話し合い、それぞれの理解を深めていく

さて、もともとは年間のクラス方針づくりをテーマとして行われたこの日の話し合いですが、自然と話が盛り上がる中で、日々の保育をより魅力あるものにするアイデアも飛び出してきたようです。

坂野　「ずっと子どもの記録を毎日少しずつでも書いていけるといいんだろうなと思ってた時に、『みんなで一緒に毎日記録を書いていくことが大事』というのを学習会で聞いて、書くことの大切さをみんなで共有できたかなと思った。それで２年目の宮地先生に保育のおもしろさを感じてほしいという気持ちもあって、ノートをプレゼントしたいなと思って。普通のノートじゃおもしろくないから、宮地先生の好きなキャラクターのノートにしてみたんだけど……」

宮地　「わぁー。ありがとうございます！」

近藤　「いいですよね。そういうのも大事ですよね」

坂野　「それにしても、この職場の先生、みんな保育に熱いよね」

近藤　「えっ、どういうこと？」

坂野　「子どものことといっぱい語り合って、子どものことわかろうとするでしょ。そういうところ。保育の中で困ったり、つまずくこともあるけれど、その手だてをアレコレ考えながら乗り越えていけた時の喜びとか楽しさを宮地先生にも感じてもらいたいんだ。それで『あなたも熱くなるよー』という思いも込めてプレゼントしたわけ」

近藤　「なるほど。そういうことですね」

坂野　「宮地先生は立ち止まって考えられるから、そういうのを書き留めて、みんなからアドバイスもらう経験もいいかなぁと思う。単数担任だと必然的にそれをやらざるをえないけど、複数担任だとやらずにすんでしまうこともある。だから今ここでやってみてほしいなぁと思って」

宮地　「書いてみて気づくこともありますよね。大事にしていきたいです」

こうして本年度のひよこ組では、年間のクラス方針とともに、それを支える手だてとして「保育の記録」に力を入れることを担当保育者間で改めて確認し合うことができました。その結果、短時間であっても、少しの量でも構わないからという了解のもと、毎日の子どもの記録をとっていくことがすすめられています。このときの記録の工夫と具体例は、次章冒頭の「続けられる記録・子どもが見えてくる記録」の節で、実際のノートも紹介しながら、後ほど述べたいと思います**(→151ページ〜)**。

さて、これらの話し合いの結果、形になったものをまとめて示したのが**資料1**です。前年度のクラス方針と比較すると、基本的な構造は受け継がれつつも、方針づくりの担当者間の対話を通じて、本年度に担当する個々の保育者の「らしさ」が浮き彫りになっているのが読み取れます。

また、同じ0歳児であっても、一人ひとりの特徴は異なり、その年その年によってクラスの雰囲気はもちろん、それぞれの子どもの生活背景にも変化があります。それらをふまえて保育をすすめていく以上、保育者に求められる役割には一定の共通項こそあれ、保育者自身の裁量・判断や創造性に依存する程度が実際には強くなることでしょう。ここから考えると、保育現場に求められるのは、年度を越えて共通する、いわゆる「マニュアル」的な保育の計画ではなく、個々の保育者そして担当保育者集団が、その個性と裁量を十分に発揮するためのシステムづくりであり、その一環として位置づけられる保育の計画です。計画を真の意味で実践において機能させるためには、まずは第一の担い手である当該の保育者が、自ら前向きな気持ちをもってそこに自覚的に向かうことのできるきっかけが必要とな

資料１　ひよこ組年間クラス方針

年間クラス方針（前年度）

●保育者との安心できる関係づくりをしていく

・一人ひとりの子どもの気持ちを受け止める。それぞれの子どもの表情・声・動作などから、その子が何を訴えているのかを探り、その気持ちに共感していき手だてを考えていく（言葉や表情で返していく）。生活の場面で。
・わかりやすい設定。あそびの場面で。
・子どもが“やってみよう”と思える環境設定。
・発達に応じたおもちゃを設定する。

●父母との関係をつくっていく

・保育者と子どもの関係づくりとともに、保育者と父母との関係もつくっていく。子どもがかわいい、愛しいという気持ちを父母に伝え合うことで、子どもに対する思いは同じという共感関係ができ、そこから子どものことを一緒に考えていきたい。

●担任間で一人ひとりの子ども・父母についての見方を話し合い、それを深め理解していく

太字は前年度とのおもな変更点

年間クラス方針（本年度）

●保育者との安心できる関係づくりをしていく中で、**気持ちを出せるようにしていく**

・一人ひとりの子どもの気持ちを受け止める。
・一人ひとりの子どもの表情・声・動作などから、**その子の要求を探り、その子が“受け止められた”という実感が持てるような手だてを考えていく。**
・**一人ひとりの子どもが、生活やあそびの場面で、今何をしているのかがわかるような環境設定**をしていく。
・子どもが“やってみよう”と思える環境設定をしていく。
・発達に応じたおもちゃを設定する**（できれば手づくりおもちゃをつくる）**。

●保育者との関係を土台にしながら、友だちへと関心を広げていく

・まねっこをする、つながりあそびうた、わらべうたなどを生活やあそびの場面で積極的にしていく。

●父母との関係をつくっていく

・子どもがかわいい・愛おしいという気持ちを父母と伝え合うことで、子どもに対する思いは同じという**共感関係をつくる。それを土台に**、子どものことを一緒に考えていく。

●担任間で一人ひとりの子ども・父母について見方を話し合い、**それぞれの理解を深めていく**

ります。そういった意味で、保育の計画をつくるための話し合いは、その年度の担当保育者がその人らしさを十分に発揮し、主体的に働くための土台として欠かせないものだといえるでしょう。

さらに話し合いのプロセスを通じ、ひよこ組の保育者間では「子どもの記録を大切にしよう！」という熱い思いが改めて確認されました。話し合いからは、計画そのものが生まれるだけではなく、毎日の保育で大切にしたいと思っていることを互いにやりとりできたり、相手の新しいアイデアに改めて気づかされたりすることが多くあるように思います。このような観点から考えても、計画づくりにおける保育者間の話し合いは、その年の保育をすすめるうえで大きな役割を果たしているといえるでしょう。

前年度から引き継ぐこと・変えることを確認する

年間保育計画づくり

年間のクラス方針がまとまると、それを受けて次は年間保育計画の作成に移行します。園として掲げている子ども像とともに、今まとまったばかりのクラス方針を念頭において、前年度の保育計画を参考にしつつ案を立てます。今年の子どもたちが、１年後の３月の時点でどんなふうに育っていくか想定しながら案の見直しを行い、具体的な保育計画を作成していきます。

それでは再び、ひよこ組担当者間の話し合いをのぞかせてもらいましょう。この年の年間保育計画作成にあたってまず話題になったのは、排泄に関することでした。

坂野　「全体的にオマルに座るのがゆっくりになっているけど、計画だともう少し早くから入ってきてる。この計画のほうが正しいの……？どこを基本にすればいいのかな？」

近藤　「去年はその時期に下痢をする子が多くて、感染予防もあってなかなかオマルにかけられなかったのもありました」

坂野　「じゃあ、会議で相談してみようか」

担当者間の話し合いをふまえ、園全体の方針会議でこの疑問を出しました。すると、前年の担当者から「座位が安定して、午睡後とかにおしっこが出ていなかったらオマルにかけてみるっていうのが基本の考え方だったかな。『座ってみる』というところからのスタートで、まずはオマルに慣れることがねらいだった。無理に座らせる必要はないし、おしっこが出るまで座らせるとかはしていないよ」との意見。「そうなんだ」と担当者。「基本の考え方はそうだね。いつもの感じで計画には入れてみて、そのうえで子どもの様子を見て見直したり、考えていくというのも大事だと思うよ」の助言に、担当者も「そうですね。じゃあ、ちょっとやってみます」と納得しました。結局、方針会議での助言もふまえ、例年通りのペースで導入して、子どもの実際の姿を見ながら検討していくことになりました。

そのほかに、担当者間の話ではとくに着脱とあそびについてとりあげられました。以下の議論の結果、着脱についてはこれまでの保育計画にくらべて早い時期に、あそびについては、描画・感触あそびを本年度の担当者の新たなアイデアとして、年間保育計画に反映させることにしました。

近藤　「去年は『パンツ・ズボンの着脱に興味をもち、保育者と一緒に着脱していく』というのがⅣ期だったけど、去年の子どもの様子を見ていると、保育者と一緒にやろうとする姿がもっと前からあった。一人がやりだすと、みんなもやりだしたりして」

坂野　「そうなんだ。じゃあ、もう少し早い時期にこれを持ってきてもいいかもね」

宮地　「そうですね。Ⅲ期でもいいと思います」

坂野　「よし、じゃあそうしよう」

坂野　「石原先生と石川先生から、他園でやっている０歳児の美術活動の実践報告のことを聞いて、０歳児でも楽しめるんだぁと思った。いろいろやってみたいと思っているんだけど……」

宮地　「いいですよねー。昨年度の終わりごろに私もやったんですけど、アレルギーのことをすごく気にしていて……でもいろんな素材があるんだとわかって、今年はいろいろやってみたいなと私も思っていたところです」

資料2　対話をふまえて変更されたひよこ組の年間保育計画（一部抜粋）

前年度

	目標	Ⅰ期（4.5月）	Ⅱ期（6.7.8月）	Ⅲ期（9.10.11.12月）	Ⅳ期（1.2.3月）
基本的生活習慣	〈着脱〉 ・パンツ・ズボンの着脱に興味をもち、保育者と一緒に着脱していく ・靴の着脱を保育者にしてもらう ・自分で帽子をかぶる	・保育者に着替えさせてもらう ・保育者に帽子をかぶせてもらう	→ →	→ ・靴の着脱を保育者にしてもらう	・パンツ・ズボンの着脱に興味をもち、保育者と一緒に着脱していく → ・自分で帽子をかぶる
描画・造形	・自然の変化する素材にふれていく（砂など） ・いろいろな素材にふれ感触を楽しむ ・描画（なぐり描き）を楽しむ	〈感触あそび・感覚あそび〉 ・いろいろな素材にふれ感触を楽しむ（袋、布）	・自然の変化する素材にふれていく（水など） → （花紙、新聞）	→（砂など） → （砂、土、片栗粉、小麦粉、パン粉、おから、絵の具） ・こん跡あそびを楽しむ ・描画（なぐり描き）を楽しむ	→（砂など） →

本年度　　　　太字が変更点

	目標	Ⅰ期（4.5月）	Ⅱ期（6.7.8月）	Ⅲ期（9.10.11.12月）	Ⅳ期（1.2.3月）
基本的生活習慣	〈着脱〉 ・パンツ・ズボンの着脱に興味をもち、保育者と一緒に着脱していく ・靴の着脱を保育者にしてもらう ・自分で帽子をかぶる	・保育者に着替えさせてもらう ・保育者に帽子をかぶせてもらう	→ →	**・パンツ・ズボンの着脱に興味をもち、保育者と一緒に着脱していく** ・靴の着脱を保育者にしてもらう **・自分で帽子をかぶろうとする**	→ → ・自分で帽子をかぶる
描画・造形	・自然の変化する素材にふれていく（砂など） ・いろいろな素材にふれ感触を楽しむ ・描画（なぐり描き）を楽しむ	〈感触あそび・感覚あそび〉 ・いろいろな素材にふれ感触を楽しむ（袋、布）	・自然の変化する素材にふれていく（水など） → **（砂、土、片栗粉、小麦粉、小麦粉粘土、パン粉、草花、寒天）**	**（砂、土など）**→ ・こん跡あそびを楽しむ ・描画（なぐり描き）、**タンポ画を楽しむ**	**（砂、土など）**

坂野　「描画活動のなかで子どもが『あー！』と発見や気づきを保育者に伝えてくれるのがあって、子どものそういう“はじめての気づき”や“発見”を一緒に共有していきたいなぁと思うんだよね」

宮地・近藤「そうですね。いいですよね。やっていきましょう！」

話し合いにおいては、このように前年度の子どもを思い浮かべ照らし合わせることにくわえ、今、現在の在園児を具体的に念頭において話し合うことで、今の子どもの様子に合わせて保育計画を修正することができました。同じ“1ヵ月”という時間であっても、月齢の低い子どもほどその発達的変化において大きな意味をもちます。一般に、それまでの保育計画を検討なしに単にそのまま適用するだけでは、「実践にあたり、年間保育計画と実際の子どもの姿を機械的に照らし合わせて理解する」か、あるいは「年間保育計画は形だけで、実際の保育にあたって参照しない」という状態に陥ることが避けられないでしょう。そう考えると、可能なかぎり実際にクラスに所属するだろう子どもたちを念頭におき、保育計画作成の話し合いを具体的にすすめることが重要になってきます。

第一そだち保育園ではこの対話のプロセスを経て、本年度のクラス方針を反映させつつ、前年までと「同じだけれど違う・違うけれど同じ」ものとして本年度の年間保育計画を立ち上げました。**資料2**はそのうち、これまでの対話を通じて見直されたポイントを抜粋してまとめたものです。

2 年間保育計画の例

0歳児保育において対話をベースに保育計画がつくりあげられていくプロセスを、これまで順を追って確認してきました。**資料3**に示すのは、以上を経た結果立ち上がった、0歳児ひよこ組の年間保育計画の全体像です。これは、第一そだち保育園で実際に用いられている年間保育計画を、第Ⅰ部で述べた「保育の構造」の軸からアレンジして示しています。

資料3　ひよこ組（0歳児高月齢グループ）年間保育計画（案）　子ども像・年間クラス方針の部分は割愛

期		Ⅰ期		Ⅱ期		
		4月	5月	6月	7月	8月
園の行事		入園 誕生会			プール活動 七夕会	プール活動
各期における子どもたちの姿と保育のねらい	＜子どもの姿＞	・人見知りが出はじめて、人の出入りや動きで不安になる。 ・担任との信頼関係ができ、安心して生活するようになる。 ・好きなおもちゃやあそびを見つけ落ち着いて遊ぶ		・まわりにいっぱい興味をもち、ハイハイで自分の好きな場所へ行って遊ぶ ・保育者のまねをするのを楽しむようになる。また、まわりの友だちにも関心を向けるようになり、友だちのやっていることもまねして楽しみはじめる ・手ざし、指さしが出る		
	＜保育のねらい＞	・新しい環境になれ、保育園が楽しい場になるようにしていく ・家庭の様子を聞きながら、生活リズムを整えていく		・いろいろなあそびを通して、保育者とのやりとりを楽しんでいく ・水、プール遊びを通して、保育者が子どもの楽しいという気持ちに寄り添い、じっくりモノとかかわって遊べるようにする ・体を使ったあそびを楽しむ		

保育の構造		目標	Ⅰ期（4.5月）	Ⅱ期（6.7.8月）
基本的・日常的生活活動	基本的生活習慣	**〈食事〉** ・よくかんで食べようとする ・スプーンを使って食べようとする ・苦手なものも少しずつ食べようとする ・コップを使って自分で飲む ・正しい姿勢で食べることを知る ・エプロンのつけはずしを自分でする ・食前・食後に自分で手・口を拭く ・食後、エプロン・タオルを片づけようとする	**〈初期食→中期食〉**アーム・ゴックン ・スティックを握って食べようとする ・いろいろな食べものの味を知っていく ・コップを使って飲もうとする ・エプロンのつけはずしを保育者にしてもらう ・食前・食後、保育者に手・口を拭いてもらう	**〈中期食→後期食〉**モグモグ・ゴックン ・手づかみで食べようとする ・コップを持って自分で飲もうとする ・正しい姿勢で食べることを知る ・食前・食後に自分で手を拭こうとする
		〈排泄〉 ・おしっこ・うんちが出たことに気づく ・行動の切り替え時にオマルに座り、排泄しようとする		・お座りが安定したら、オマルに座ってみる
		〈睡眠〉 ・1回睡眠 ・促されるとふとんに行き,安心して気持ちよく眠る	・3回睡眠 ・安心して気持ちよく眠る	・2回睡眠
		〈着脱〉 ・パンツ・ズボンの着脱に興味をもち、保育者と一緒に着脱していく ・靴の着脱を保育者にしてもらう ・自分で帽子をかぶる	・保育者に着替えさせてもらう ・保育者に帽子をかぶせてもらう	
	健康	**〈健康・身体づくり・清潔〉** ・薄着で過ごす ・裸足で過ごす ・散歩後、手足を洗う	・薄着で過ごす（個々に合わせてすすめる） ・裸足で過ごす ・散歩後、保育者に手足を洗ってもらい、気持ちよさを知る	
探索・探究する生活	あそび	**〈モノとかかわるあそび〉** ・自然物や身近な用具、おもちゃなどの素材に興味や関心をもち、すすんで遊んだり試したりする ・好きなあそびやおもちゃを見つけて楽しむ	・季節の自然に興味をもち、ふれて遊ぶ （草花） **〈探索あそび〉** ・好きなあそびやおもちゃを見つけて楽しむ （音の出るおもちゃ、積み木、車、絵本、重ねコップ、ペットボトルのジュース・キラキラペットボトル）	（草花、昆虫、小動物）
		・2指で小さいものをつまむ ・物の出し入れ・打ち合わせ・移し替えを楽しむ ・高く積み上げる	・くまで状でものをつかむ	・3指で小さいものをつかんだり、つまもうとする ・物の出し入れ・打ち合わせ・移し替えを楽しむ ・ポットン（ピンポン玉、チェーン、フィルムケース） フィルムケースのおもちゃ（マジックテープつき） 取ることを楽しむ・テープはがし 積み木（積んだものを倒す、打ち合わせ）
		〈全身を使ったあそび〉 ・歩行が安定し、場に応じた体の動きをしようとする ・足腰を使ったあそびで姿勢の変化を楽しむ	・土や芝生に慣れる ・ベタバイ、四ツバイ **〈遊具で遊ぶ〉**・トンネル、ボールあそび、マット	斜面、段差（階段など） ・高バイ、つかまり立ち、つたい歩き （板坂、すべり台） ・マルチサークル、ろく木、板坂、すべり台
	描画・造形	・自然の変化する素材にふれていく（砂など） ・いろいろな素材にふれ感触を楽しむ ・描画（なぐり描き）を楽しむ	〈感触・感覚あそび〉 ・いろいろな素材にふれ感触を楽しむ （袋、布）	・自然の変化する素材にふれていく（水など） （砂、土、片栗粉、小麦粉、小麦粉粘土、パン粉、草花、寒天
文化に開かれた生活	人とのかかわり	**〈人とかかわるあそび〉** ・まてまてあそび・いないいないばぁあそびをたっぷり楽しむ	**〈追いかけあそび・かくれあそび〉** ・いないいないばぁあそびを楽しむ	
		・保育者が仲立ちとなりながら、友だちと一緒にあそぶ楽しさを知る	・保育者と1対1のあそびを楽しむ ・いないいないばぁあそびを楽しむ	
	言語・認識	・友だちの名前がわかる ・自分の要求を動作であらわそうとする	・喃語と笑い声が豊かになる	・自分の名前がわかるようになる
	絵本		・絵本を1対1で見ていく ・『いないいないばあ』など	・絵本を集中して見たり聞いたりする （簡単なくり返しのある絵本を楽しむ）
	音楽リズム	・いろいろなうたあそびを保育者や友だちと一緒に楽しむ	・手あそびや保育者の歌を楽しんで聞く 「むすんでひらいて」「ちょちちょちあわわ」「なかなかほい」 **〈ふれあいあそび〉** 「一本橋こちょちょ」「馬はとしとし」「おすわりやす」 **〈うた〉**「はるがきたんだ」「ちゅうりっぷ」「ひらひらちょうちょ」「こいのぼり」 **〈リズム〉**うさぎ、うま、どんぐり	・手あそびなどを保育者と一緒にしようとする 「げんこつ山のたぬきさん」「コロコロたまごは」「たいこのおけい 「大きなたいこと小さなたいこ」 「雨」「カエルのうた」「かたつむり」「七夕」「お星様」「きらきら

Ⅲ期				Ⅳ期		
9月	10月	11月	12月	1月	2月	3月
	親子で あそぼう会		クリスマス会		節分	卒園
・歩きはじめる。自分でやってみようとする姿が出てきてよじ登ったりまたいだりすることが楽しくなる ・友だちの頭をなでたり、たたいたりなどかかわろうとする姿が見られる ・手ざし、指さしが豊かになる				・自分でやりたい気持ちがふくらんでくる ・友だちと一緒に手をつないだりすることがうれしい・楽しいと感じはじめる ・嫌なことはイヤと、動作や言葉で伝えてくる		
・戸外で探索する中で、興味・関心を持ったこと（発見したこと）を保育者に伝えようとする ・保育者が仲立ちとなりながら、友だちといることが楽しいと感じていけるようにする ・体勢の変化を確かめながら遊ぶことを楽しんでいく				・"～したい""やりたい"という意欲が膨らみ、それを保育者に伝えてくるようにする ・保育者が仲立ちとなりながら、友だちと一緒に遊ぶことが楽しいと感じられるようにする ・体をいっぱい動かすことの楽しさと喜びを感じられるようにする		

Ⅲ期（9.10.11.12月）	Ⅳ期（1.2.3月）
〈後期食→完了食〉カミカミ・ゴックン ・手づかみで意欲的に食べる　・スプーンに興味を持つ → ・コップを持って自分で飲む → →	〈完了食〉よくかんで食べようとする ・スプーンを使って食べようとする ・苦手なものも少しずつ食べようとする → →
→ ・エプロンのつけはずしを自分でしようとする ・食前・食後に自分で手・口を拭こうとする ・食後、エプロン・タオルを保育者と一緒に片付ける	・エプロンのつけはずしを自分でする ・食前・食後に自分で手・口を拭く ・食後、エプロン・タオルを片づけようとする
・おしっこが出た感じを知っていく ・行動の切り替え時にオマルに座る	・おしっこ･うんちが出たことに気づく ・行動の切り替え時にオマルに座り、排泄しようとする
・１回睡眠 → → ・促されるとふとんに行き,安心して気持ちよく眠る →	→
→ ・パンツ・ズボンの着脱に興味をもち、保育者と一緒に着脱していく → ・靴の着脱を保育者にしてもらう → ・自分で帽子をかぶろうとする	→ ・自分で帽子をかぶる
→ → →	
→ （草花、昆虫、小動物、木の実、葉） →	→ （草花、小動物、雪、氷）
・２指、３指で小さいものをつまめるようにする → ポットン（カード・ストロー）→	・２指で小さいものをつまむ ・高く積み上げる
・公園の中で、好きなものを見つけ楽しむ ・床立ち （まてまてあそび）→ →	・凸凹道や坂道など、変化のある所も体をコントロールして歩く ・足腰を使ったあそびで姿勢の変化を楽しむ
（砂、土など）→ →	（砂、土など）
→ ・こん跡あそびを楽しむ　・描画（なぐり描き）、タンポ画を楽しむ ・マテマテあそび	
・友だちに興味・関心をもち、かかわろうとする ・自分から隠れていないいないばぁを楽しむ（相手は限定されていない）	・保育者が仲立ちとなりながら、友だちと一緒にあそぶ楽しさを知る ・保育者に向けていないいないばぁあそびを楽しむ
・自分の名前がわかって返事をする ・ものと動作と言葉が結びついていく	・友だちの名前がわかる ・自分の要求を動作であらわそうとする
→	・絵本を楽しんでみる （少し長めの絵本）
→ → 「なかよしだ」「どてかぼちゃ」 「どんぐり」「つき」「まつぼっくり」「こおろぎ」「クリスマス」 → トンボ、ワニ、金魚、こま	・いろいろな歌あそびを保育者や友だちと一緒に楽しむ 「お正月」「雪」「おにはそと」

column 6　行事のねらいと取り組み方

他年齢とくらべてみたときに、０歳児クラスの年間保育計画表は、項目の多さが際だつとともに、行事の少なさが目につくことでしょう。体そして生活リズム面の制約が大きい０歳児にとっての行事の意味は、当然のことながら他年齢のそれとは異なってきます。第一そだち保育園においても、なぜその行事に取り組むか、０歳児にとっての行事とは、などの疑問点を率直に話し合いながらすすめています。それぞれの行事において、引き継がれている前年度までの反省を活かしながら、今年はどんなふうにやっていこうかと担当者間で知恵を絞っていきます。

また行事のねらいとしてとくに大切にされていることは、季節の行事について、子どもたちが楽しむだけでなく、保護者にその由来などを伝承することです。子どもがいることで、改めて季節を感じ行事を楽しむ。保護者がそんな経験や喜びを感じられることも大事にしています。

以下に、個々の行事ごとのねらい・方法などを簡単に説明します。

プール活動

「水に慣れ、親しんでいく」ことがおもなねらいです。プールを使った水あそび最後の日には、「いっぱい楽しく遊んだね。すてきな姿だったよ」という保育者の思いを込めて、水あそびの中で見せてくれたとびっきりの笑顔の写真にメッセージを添え、ラミネート加工してプレゼントします。

七夕会

「七夕の雰囲気を楽しむ」というねらいのもと、高月齢クラスでは星をテーマにして保育室を飾り、子どもとそれを見ながら「キラキラだね」と継続的に保育者から発信していくようにしています。

そのような働きかけを通じて、星の形と「キラキラ」ということばが結びついて、星に親しみを持ち、保育者と“あったね”“いっぱいだね”と心を通わす心地よさを感じてほしいと考えています。当日は子どもたちが目を輝かせるような内容にすることを心がけています。

低月齢クラスでは、当日までに「きらきら星」などのうたをくり返し歌うことで、七夕会当日は親しみのあるうたを聞いて七夕の雰囲気を感じられるようにしています。

親子で遊ぼう会

ねらいは「ふだんの園での生活の様子を保護者に知ってもらう」「保護者と保育者、保護者同士の交流の場とする」ことです。

いつもは見ることができない園での様子を見てもらうことで、「こんなふうに過ごしているんだ」と保護者が安心して保育園に預けられるようにと取り組みます。通常保育を見てもらうことがねらいなので、子どもに隠れてこっそりとのぞいてもらえるように工夫しています。

photo　乳児の目線で楽しむ行事

右　こどもの日――青い空にこいのぼりが映える

上左　お誕生会――大きくなってうれしいね
　左　七夕――夢のような半円形のすいか

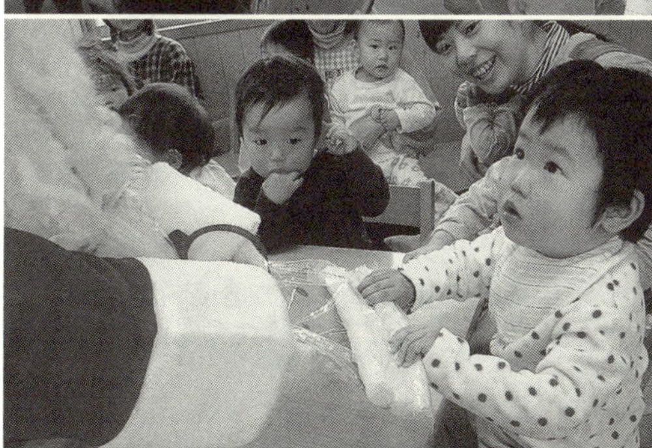

上左　クリスマス――顔はサンタさんの登場に固まりながら、手はプレゼントをしっかり受け取る
上右　節分――やさしめの鬼さん登場。先生といっしょに「まめ、ぽい！」と退治
　左　卒園式――０・１歳児専門の第一そだち保育園の卒園式。“はじめの一歩”をともに歩んだおとなたちも万感の思いで迎えます

子どもたちが午前寝している間におもちゃづくりをしながら交流タイムをとり、ざっくばらんに子育てのことやプライベートなことなどおしゃべりを楽しんだりもします。さらに食について知ってもらったり、考えてもらう機会も大切にしたいと考え、通常の食事を食べているところをのぞいてもらったり、子どもに実際に食べさせてもらったりもしています。

食事が終ったら0歳児全員で集まり、園で楽しんでいるわらべうたやあそびうたを保護者と子どもと職員みんなで楽しみます。「こんなふうに遊ぶと、子どもたちがとっても喜ぶんです」というのを実際に行い、楽しい雰囲気をつくりながら伝えていきます。

クリスマス会

「いつもと違う雰囲気を楽しむ」ことが一番のねらいです。クリスマス会当日のふだんと違う雰囲気を見たり聞いたりして楽しめる、0歳児らしい行事を目指して準備します。

そのためにも当日までの間に、うたや装飾などを通して、子どもたち自身が「なんだか違うぞ」「楽しそう」と感じられるような、見て聞いて感じる経験をいっぱいしていこうと担当者同士で話し合っています。その毎日の積み重ねと、さらに当日“あれっ?!”と気づいたり、“ハッ！”と心が動いたり、“楽しい”と感じられる体験ができるようにしています。

節分

クリスマス会と同様、「いつもと違う雰囲気を感じる」こと、「鬼を見てハッと心を動かす」のがねらいです。

月齢の高い子どもたちは、鬼に向かって豆（新聞紙を小さくまるめたもの）を投げたり、保育者と鬼がやりとりするのを見たりまねたりという経験もできるかな、と子どもの様子を見ながら当日すすめていきます。鬼役とも打ち合わせを行い、「ホールのろく木より先へは近づかないでほしい」「ゆっくりゆっくり歩いてきてほしい」「○分ぐらいでいなくなってもらったほうが、こわがらせずにすむかな」など細かく段取りを決めます。また、月齢が高いクラスも低いクラスも、節分のうたを毎日聞いて楽しんだり、鬼の絵を見てうたと鬼を結びつけるようなことも意識的に行っています。

当日は、月齢の高い子どもたちは保育者の近くで、保育者がやりとりしている様子をしがみつきながら見たり、ときにはまねをして豆に見立てた新聞紙を投げたりしています。月齢の低い子どもたちは、窓越しに鬼をのぞきます。保育者が「あれ～？」と言うのを聞きながら不思議そうに鬼を見ています。節分会以降も、保育者が「鬼、いたね」と話したり、「ドシン、ドシン」と鬼のまねをするのをまねたり、新聞の豆を投げたりして遊んでいきます。

（中村真理）

第２章
実践のふり返りから 計画の見直し、 そして再び実践へ

さて、これまで整理してきた年間保育計画は、見通しをもって保育をすすめていくうえでの指針になりますが、日々の保育実践において具体的な活動を展開するにあたって、そこから直接的なヒントが提供されるわけではありません。年間保育計画を下敷きにしつつ、実際にどのような手がかりをもとにして保育実践はすすめられるのでしょうか。また、実践を通じて立ち上がった子どもの姿は、いかにして次の計画へと反映されていくのでしょうか。

第Ⅲ部ではここまで、保育者間の対話をもとにした保育の計画づくりの重要性について、おもに長期のそれを例にあげながら述べてきました。これから述べる短期の保育計画にあたる部分においても同様に、話し合いのプロセスを経て日々の保育をふり返り、計画の見直しへと反映させていくことが、実際に保育を組み立てるうえで大きなポイントになっていくと考えられます。

ここでは引き続き第一そだち保育園の例を参照しながら、日々の保育実践における保育者間の対話と計画の見直しとの結びつき、それを支えるための記録の工夫について探っていきたいと思います。

① 続けられる記録・子どもが見えてくる記録
「保育メモノート」と「個別の月案表」

０歳児保育においては、①子どもの発達の展開が早く、その結果子ども間の発達差が大きくなりやすいこと、②ほとんどの場合、複数の保育者によって担当されること、の２点が他年齢とくらべての特色としてあげられるでしょう。発達の展開が早く、子ども間の発達差が大きくなりやすいということで、日々の活動をすすめていくうえで個々の子どもの様子をより的確に把握する手段が必要になってきます。これは「記録」の重要性と言い換えてよいでしょう。また、複数の保育者で担当するということでは、保育者それぞれが子どもの見方を意識的に情報交換し合いながら活動を支えていく必要が出てきます。これは「対話」の重要性と言い換えてよいでしょう。「記録」と「対話」はもちろん、どの年齢の子どもを保育するうえでも欠かせないものですが、０歳児保育を深めていくにあたってはとりわけ本質的な要素だと考えられます。

では、第一そだち保育園の保育者の場合は、実際にどのような方法を用いているのでしょう。その一つは、日々の保育の中で気づいたことをちょっと記録する「保育メモノート」、もう一つは「個別の月案表」ともよぶべき、子ども個別に準備された記録用紙です。

一つ目の「保育メモノート」とは、保育者間の話し合いの中でもふれられていた、子どもの記録を少しずつ書くノートのことです**(→137ページ)**。それってどんなノート？　と気になる読者のみなさんのために、この話し合いでノートをプレゼントした坂野さん、プレゼントされた宮地さんからホンモノをお借りし、ここで思い切って（?!）大公開してみます（**資料４**　子どもの名前の部分のみ仮名に修正しています）。

これらのノートは定まった様式があるわけではなく、それぞれお気に入りの、ハンディサイズの市販のノートが使われています。分量そして書き方にも個性がにじみ出ています。同じクラスを担任している①の坂野さんと、②の宮地さんのノートをくらべると、当然のことながら、同じ日付で

資料4　2人の保育者の保育メモノート

①坂野早奈美さんのノート

5/29(金) すみか こいのぼりのうたをうたうと、
上を見上げて こいのぼりを眺めていた。
うたと物が結びついた。さとるも見ていた。

食事中、すみちゃんが「アムアム」と言っているのを
見て、さとるが ニコッと笑って「アウアウ」と
口をまねしていた。友だちのマネをする姿に驚き!

6/1(月) さとるが マット山で、私のいるマットの
むこう側にむかって 笑顔でやってきた。
ほとんど参加せずにきていたのでうれしかった。
すみか 指差しで気づいたことに知らせて
くれるようになった。
初めての指示、どうしていいかわからず!
ペンを払ったりパタパタしていたとしい。
おもしろかった。

6/3(火) ゴロンと私がしていると、背中にさとるが
のってきた。とてもニコニコとうれしそうに
関わりにきていた。
すみか 5月末から(25日)「マンマたべよう」と
声をかけると 私のところに来て これだすよね…と
保を見ていた。大きな成長を感じた。

Color forest chronicle

6/5(金) 1日～の新入園児、はやとが、泣いた
(朝のお別れで)。ずっと余裕そうな姿だったので
大丈夫なのかも…と本当に思えるほどだった
ので、やっぱりそうだよね。不安だよねと
改めて どんな子もみんな不安ということを
感じた。りょうまは、泣くこともできないくらい
緊張をしている。食後は少しあそべたり
声が出ていたので、その時に沢山楽しい
関わりをしていけるといいと思う。

6/8(月) 大洞公園にて。ゴザからおりるのを
ふゆきは しぶっていたが さとるが出ていくのを
見ると、意を決したように 外へと一歩ふみ出し、
同じトコロへ行った。
友だちの存在がふみだすキッカケになることを
感じた。

6/9(火) ふゆきとさとるがドナルドダックの取り合い。
さとるは ドナルドだけを見て、手元に引っぱったり
とられて(遠くへ行って!)泣いていた。
ふゆきは さとるの表情を見ながら
とりに行っていた。とって表情を見、とられて表情も
みていた。

Color forest chronicle

6/10(水) 板坂、さとる 頂上まで来て、その後
前進しようとするが、一瞬とまり、間があった。
そのご、クルッとむきを変え、バックでおりていった。
すべるように。ん? と考えたことが驚きだった。

6/11(木) さとる 昨日から立っちが楽しくてうれしい。
この時ばかりは、そばにいる全保の顔を
見て、"すごいでしょ"と 得意顔。
そのまま 二人は仲良くだ～よ とすると、目を
合わせて うれしそう。
朝、保にだっこして一 というように
甘えて来た。初めて? というぐらい珍しい。
関係ができてきたのかし。
少し体に変化がある時に、中身もかわるのか?

6/15(月) さとる 歩いた! うれしそう。
ふゆき コップを投げる。

6/16(火) 6月入所のりょうま。すべり台はやれず…
でも、保のひざの上で、チェーンポットム。
声を出して「アー」「アー」と保を見て
笑っていた。不安がなくなるまでは
離れてあそぶのは難しいよね…。

Color forest chronicle

6/16(水) りょうま 午前中に泣かずにあそべた。
星をかざった。すみか その中でも「こいのぼりは?」と
聞くと、キョロキョロとこいのぼりをさがして、
それを指差しし、"うたって"というように手拍子。

6/17 ふゆき トッターのベルトを差込口に
はめようと、20～30分じっくりむき合っていた。
ピッタリなあそびは、0才児でも数分は
あそべるのだ!! 安心した場所、安心した
物で。

6/18(金) 「ないないだよ」「バワンだよ」と伝え、
できた時にほめてみてというように
保を見る ふゆき すみか
手をパチパチたたいて共によろこぶ。

6/22(月) 星のシールはりをした。貼るのは難しい
(ふゆきは貼った、はやとも？ 手本)
星のかざりと見比べたり、指さしが沢山出ていた
つながってばかり。共感できた

Color forest chronicle

②宮地紗由里さんのノート

さとるがちょっと変わってきた?!

5/22(金)
さとる オムツ替えをイヤがる　最近お家でもそうらしい（ノートより）
♪さとるくん メユはどこでしょう～と歌い、♪ここです～と
指をさすと嬉しそうに笑い、「さとるく～ん!!」と
言うと、両手をあげた。目も合うし、笑っていた。
なかなかほい をやると、表情よく笑った☺
じっとはせず逃げていった

☆課業（マット山）
前まで…登ろうとしない　楽しそうでない

今日は…マット山のところまで来ない　ホールまで移動スムーズに
つれてくると反対側の保をみて登ろうとするが…
なかなかこえられずあきらめる　すぐ他のところへ
おもちゃをみせるとすごい勢いで追いかけ
山をこえられた　マット山は魅力的でないらしい

、ホールの犬（ぬいぐるみ）を指さし「あーあー"とって"」と
訴える　とってあげると嬉しそうに笑っていた

、朝、こいのぼりをうたうと体をたてにゆらし
ノリノリで手をたたいていた

5/25(月)　朝私がへやにくると…
さとる 初めていおりくんから私のひざへ
ゆさぶりあそびをすると笑顔に☺
＼なかなかほい

9:00頃
今まで…眠くなると高い声で泣く　指をすう
今日はマットを自分でしき、その上にゴロン…
指をすっていた

5/26(火)　☀　さとる やっぱり変わってきた!!
ドアをはさみ かんちゃん と「ばあ」とやってあそぶ
ひよこの扉　かんちゃんがやってるのをみてマネしてやっていた
保の顔をみて 自分から「ばあ」と言って顔を出していた
そのまま保のところへ
一本橋こちょこちょ　保の目を見て何をやるんだろう?と　いった表情

6/1(月)　☀
♪おうまはみんな～と りょうまくん とやっていると さとるくん
が保のひざへ　一緒にやると笑って嬉しそうだった
すみか 初描画　落ちつきなく そわそわしていた　じっくりやるという感じでない
じっとしてなくて 一緒にプチマジーを持とうとしても
嫌がる　何をしているかはわかっていない
☆普段の様子と似ている（描画にでる?!）
今後やってみてとくらべてみるとよい!!
ひさしぶりに見たが さとる 四つばい超速くなった!!

6/2(火)　☀
さとる 初めて描画　キャップをしたままだと上手に描けそうな
予感☺ キャップをとると反対の手でペンの先を触り、
手にインクがつくとそれが気になり、ずっとさわったり
なめたり…紙に描かず手につけて…とやっていた

つづき
少し線を描くことができたがたまたま
紙やペンには興味津々の さとる だった

上手②♪というと手をたたく　目が合う

6/4(木)　すみか 気になる!?
扉があくと反応する　私がそばにいるのに
いとう先生の後を追う（その前まであそんでいた）
どこを見てるのか??　目は合う
落ちつきなく どこかソワソワしてる気がする…
おやつ後 たまごの部屋だから?!
6/5(金)　よくわからない すみか
食後 なぜか泣く　新入園児も泣く
たまごのへやに行ったらケロッとして一人で
あそぶ　私を見向きもしない
少したつと、私の方（ひよこのへや）に来たいと泣く

6/9(月)
ふゆき 板坂のすみに座る
「そういう時期ってあるよね」と中村先生。
すみか はやと にバイバイと手をふり、自分から
タッチをしに行った　こういう姿始めて

かみつく すみか → 不安定?!　泣くこと多い
目の前に手があるとかみつく（手でつかんで口までもってく）
（足）さとる が泣くとまたかみつく

ふゆき、すみか、さとる
「ごはん食べようか」と言うと 机、イスを出そうとする
ふゆき、すみか
「おはなしみるよ」と言うと集まってくる

6/10(火)　ふゆき
友だちの顔（表情）を見て、おもちゃの取り合いをする
→どういう意味があるのか…
そういう子初めて見た!!

☆まとめについて☆
ものと言葉が結びつく（わかる）つみ重ね大事!!
こいのぼり　うたをうたい結びついてきた
5月　しげる（1才3ケ月）ゆうや、たくみ（1才1ケ月）ふゆき（1才）
＜おわり頃＞すみか、さとる（1才）
6月　かんすけ（11ケ月）

・板坂…さとる 自分で（少し考え）登っていき、てっぺんで向きを変え
後ろ向きですべっていった（そういう時期がある）
かんすけ もやった（らしい…）

・すみか の好きなものは何か?!　探っていく

6/12(金)　マルチサークル
ふゆき つかまり立ちからまたいだり、四つバイで…いろいろ
さとる どんなに高い穴でもまたいででようとする　試していた
「ばあ」も楽しんでいた

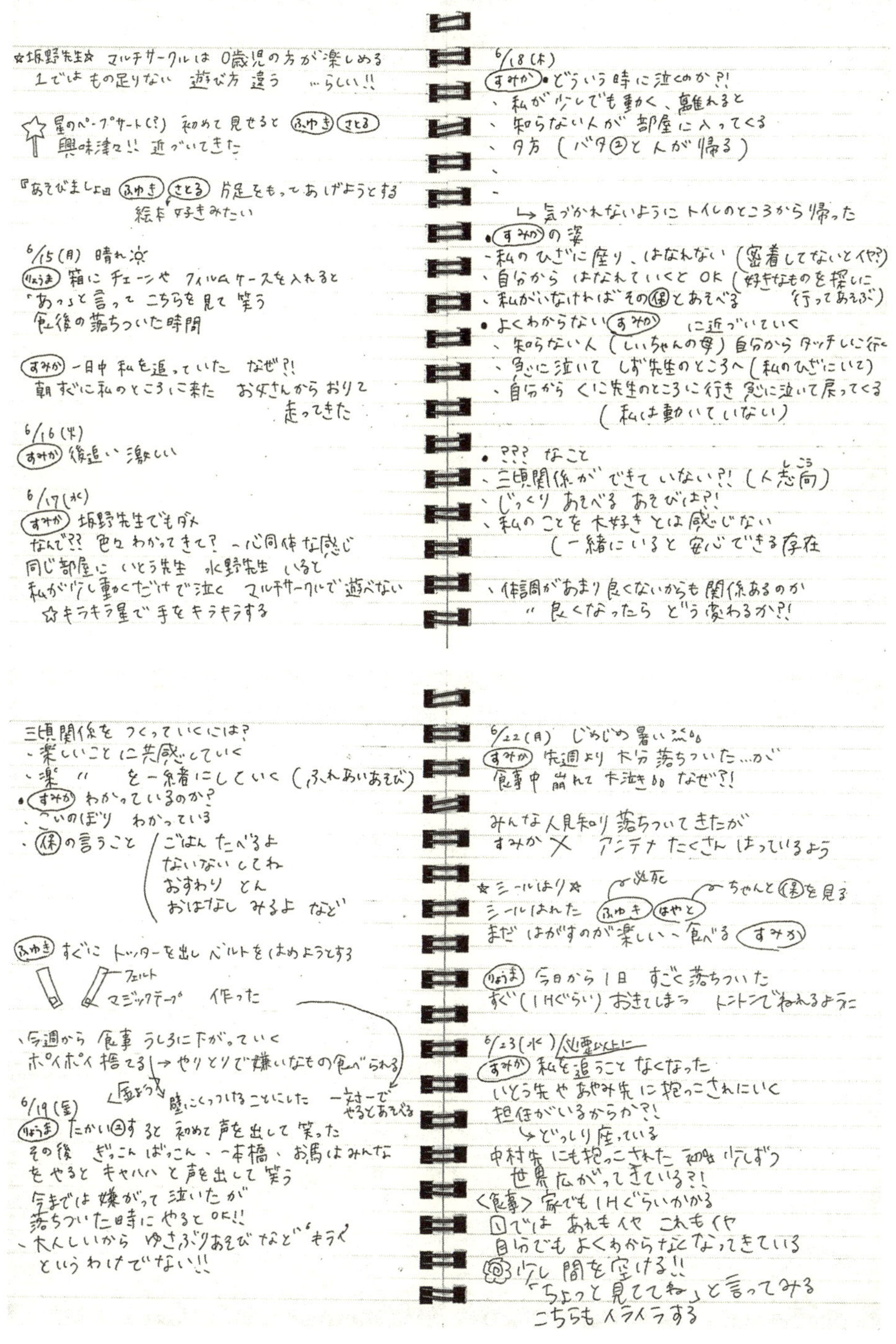

☆坂野先生☆ マルチサークルは 0歳児の方が楽しめる
1では もの足りない 遊び方 違う …らしい!!

星のペープサート(?) 初めて見せると ふゆき さとる
興味津々!! 近づいてきた

『あそびましょ』 ふゆき さとる 片足をもってあげようとする
絵本好きみたい

6/15(月) 晴れ
りょうま 箱に チェーンや フィルムケースを入れると
「あっ」と言って こちらを見て 笑う
食後の落ちついた時間

すみか 一日中 私を追っていた なぜ?!
朝すぐに私のところに来た お父さんから おりて
走ってきた

6/16(火)
すみか 後追い 激しい

6/17(水)
すみか 坂野先生でもダメ
なんで?? 色々 わかってきて? 一心同体な感じ
同じ部屋に いとう先生 水野先生 いると
私が少し動くだけで泣く マルチサークルで遊べない
☆キラキラ星で 手をキラキラする

6/18(木)
すみか ●どういう時に泣くのか?!
、私が少しでも動く、離れると
、知らない人が 部屋に入ってくる
、夕方 (バタバタと 人が帰る)
、
、
→気づかれないように トイレのところから帰った
●すみかの姿
、私のひざに座り、はなれない (密着してないとイヤ?)
、自分から はなれていくと OK (好きなものを探しに
、私がいなければ その保とあそべる 行ってあそぶ)
●よくわからない すみか に近づいていく
、知らない人 (しいちゃんの母) 自分から タッチしに行く
、急に泣いて しず先生のところへ (私のひざにいて)
、自分から くに先生のところに行き 急に泣いて戻ってくる
(私は動いていない)

●??? なこと
、三項関係が できていない?! (人志向)
、じっくり あそべる あそびは?!
、私のことを 大好きとは 感じない
(一緒にいると 安心できる存在

、体調が あまり良くないからも 関係あるのか
〃 良くなったら どう変わるか?!

三項関係を つくっていくには?
、楽しいことに 共感していく
、楽 〃 を一緒にしていく (ふれあいあそび)
●すみか わかっているのか?
、こいのぼり わかっている
、保の言うこと / ごはん たべるよ
ないないしてね
おすわり とん
おはなし みるよ など

ふゆき すぐに トッターを出し ベルトをはめようとする
フェルト
マジックテープ 作った

、今週から 食事 うしろに下がっていく
ポイポイ 捨てる → やりとりで 嫌いなもの 食べられる
〈全ようび〉 壁にくっつけることにした 一対一で やるとあそべる

6/19(金)
りょうま たかい②すると 初めて 声を出して 笑った
その後 ぎっこん ばっこん、一本橋、お馬はみんな
をやると キャハハ と声を出して 笑う
今までは 嫌がって 泣いたが
落ちついた時に やると OK!!
、大人しいから ゆさぶりあそび などキライ
というわけでない!!

6/22(月) じめじめ 暑い
すみか 先週より 大分 落ちついた…が
食事中 崩れて 大泣き。 なぜ?!

みんな 人見知り 落ちついてきたが
すみか × アンテナ たくさん はっているよう

☆シールはり☆ 必死 ちゃんと保を見る
シールはれた ふゆき はやと
まだ はがすのが 楽しい ～食べる すみか

りょうま 今日から 1日 すごく落ちついた
すぐ (1Hぐらい) おきてしまう トントンで ねれるように

6/23(水) 心配以上に
すみか 私を追うこと なくなった
いとう先 や あやみ先 に 抱っこされにいく
担任がいるからか?!
→どっしり 座っている
中村先 にも 抱っこされた 初めて 少しずつ
世界 広がってきている?!
〈食事〉 家でも 1Hぐらい かかる
園では あれもイヤ これもイヤ
自分でも よくわからなくなってきている
少し 間を空ける!!
「ちょっと見ててね」と 言ってみる
こちらも イライラする

あっても着目している部分がそれぞれで異なることが読み取れます。さらに言えば、必ずしも毎日書かれてはいないことにくわえ、忙しさなども含めた保育者の気持ちの揺れが筆致ににじみ出ていることが感じ取れるのではないでしょうか。そして何より注目すべきなのは、子どもの様子はもちろん、“驚き！”“うれしい！”“なぜ？”など、そのときの保育者自身の心の動きや手だての工夫などが、形式ばらずにそれぞれのやり方でメモされているということです。

「保育メモノート」のもつ意味は、まさに先の対話で述べられているように、書き手すなわち保育者自身が「保育のおもしろさ」を感じるための記録として行われているということでしょう。人と向き合いつつすすんでいく活動である保育においては、保育者自身が意欲をもってそこに従事することが不可欠です。たとえ不完全なものであっても、少しの量でも、短時間であっても、まずは自分なりに長続きする方法で保育者自身が記録を積み重ねていくこと、義務的ではなく、それが保育者それぞれの主体的な形で描かれることが、第Ⅱ部で展開されていた保育実践の土台となっているのでしょう。「保育メモノート」は、そのようにたんたんと地道に続けられる取り組みが形としてあらわれた工夫の一つだといえます。これが土台となって、保育者同士が話し合ったり、考えてみたくなるようなきっかけがめばえていくのでしょう。

もう一つの「個別の月案表」とは、日々の保育において実際に機能している、月１枚ずつ、子ども個別に準備された記録用紙です（**資料５**）。この用紙の上半分はおもに「計画」に使用する欄として、その月のねらいや具体的な活動計画、配慮事項が項目ごとに書かれます。下半分はおもに「記録」に使用する欄として、１日１行ずつのメモができるようになっています。ここには「(活動の結果) 子どもができてうれしかったこと」「これからできそうなこと」「(保育者が) 気になったこと・すぐには解決できなかったこと」「印象に残った子どもの姿」などが、担当保育者なりの書き方でメモされます。この「記録」をおもな手がかりとして、年間保育計画等と重ね合わされながら、翌月の「計画」が具体的に編み出されていくわけです。

資料５における具体例を参照しながら、日々の保育実践と記録・計画のつながりを少し考えてみましょう。たとえば７月の［運動］におもにかかわる活動には、ねらいをもとに「階段すべり台・テーブルすべり台で遊ぶ」

資料5　個別の月案表――かんすけくんの場合　（現物は各月B4用紙1枚ずつ）

①6月

0歳児たまご組　**かんすけ**（0歳11ヵ月）　　担任　見田村　　主任　中村

	ねらい	子どもの活動	配慮	実際の姿
日課・離乳食・睡眠	・モグモグゴックンとあご・舌を上下に動かして食べる。 ・楽しく落ち着いて食べる。 ・気持ちよく寝ていく。 ・2時間半起きて2時間寝る。 ・眠たいときは夕寝をする。	＊離乳食を食べる（中期→後期）。 ＊睡眠をしっかりとる。	・「モグモグだね」「おいしいね」など、ゆったりと言葉かけをしていく。 ・保育者と向き合い食事やミルクにしっかり気持ちが向くように働きかける。 ・ふとんに寝ころんだとき体をさすったり、うたを歌ってあげたりする。 ・抱っこがいいよ～と伝えたときは、その気持ちもしっかり受け止めていく。	**●食事**　おかゆはのみこんでいる。野菜などおかずは歯ぐきでつぶしてカミカミしている。最近また落ち着きがなく、うしろを向いたり、イスをうしろにずらしたりする。煮りんごなどかみきることがむずかしく、ポイしてしまうか、全部口の中に入れてしまう。手づかみ食べは意欲的である。 **●睡眠**　寝るときにまた怒って泣くようになった（抱っこでも）。眠たそうで寝かすが、眠れずにいる。寝るまで30分以上かかることもある。
運動・手指・全身運動・あそび	・自分の好きなところへハイハイしていく。 ・草花など自然に興味をもつ。 ・四ツバイ、高バイで山をのぼったり降りたりする。 ・保育者と一緒に一対一でゆったりと見る。 ・ガサガサと音をたてたり、サラサラの感触を楽しむ。	＊散歩へ出かける。 ＊マット山でたっぷりと遊ぶ。 ＊絵本を見る。『おつむてんてん』『いないいないばあ』 ＊感触あそびをする。 （袋・布・粉など）	・かんすけくんの見つけたものなどに目を向け、共感していく。 ・保育者が見つけたものをかんすけくんに渡したりしてやりとりする。 ・読み聞かせをしながら楽しさを共感していく。 ・楽しめる素材を探りながら行う。	**●手指**　ものをつかむときは、くまで状、不器用。 **●階段すべり台**　すべる方から高バイでのぼる。右足を支えてあげるとじょうずにのぼれた。（足を使って）山のところで自分で向きを変え、階段を降りようとする姿が見られた。 **●絵本**　絵本が大好きで集中してよく見ている。保育者のまねをして楽しむ。
認識・感覚	紙面の関係でこの項目内の記述は割合しました。			
人とのかかわり	・保育者が隠れると期待して待ったり、やりとりを楽しむ。 ・保育者と気持ちを通わせながら心地よく過ごす。 ・友だちのやっていることに目を向けたり、ふれたりしていく。	＊いないいないばああそびをたっぷりする。 ＊わらべうたを楽しむ。 『カクカクカクレンボ』 ＊友だちに関心をもつ。	・ベッドの下に布をつける。（あそびコーナーのようにする） ・保育者も一緒に楽しみ、くり返しやりとりを行う。 ・生活のいろいろな場面で一緒に遊んでいく。 ・保育者とまわりの子とのやりとりが楽しそうと感じられるような雰囲気づくりをする。	**●人とのかかわり**　体調がよくなってからは甘えられる人を見つけるたびに泣いてあとを追う姿はなくなった。 ↓ ・友だちのことに関心があり、まねをしたり、手でパシッとたたく姿がある。 **●いないいないばあ**　自分から保育者に「バア！！っ」と顔を出したりして楽しむようになった。

日	曜日	日課・離乳食	子どもの様子	活動予定	実際の活動	子どもの様子
1	月	中期（卵・牛乳）、M（ミルク）160cc／		お散歩	マット山	
2	火	PM おやつ2品、M160cc		お散歩	おもちゃ	
3	水			お散歩	板坂	
4	木			マット山		
5	金	M140cc／PM M140cc		トンネル		
6	土					
7	日					
8	月			お散歩	マット山	＊ころがるように降りていく。体をどう使っていいのか考えて降りていくという感じではなくそのまま向かっていく。
9	火			トンネル	マット山	
10	水			お散歩	板坂	
11	木			片栗粉あそび	マット山	
12	金			お散歩	ホール	＊マット山の時とは違いうれしそう。すべり台のほうからのぼっていった（右足は少し援助）。上までいくと向きを変え、階段の途中まで降りていった。段差はわかりやすいからか？
13	土					
14	日					
15	月			お散歩		
16	火			感触あそび	階段すべり台	
17	水			お散歩		
18	木	▼		お散歩		＊車に興味が出てきた。ふゆきと取り合いになり、泣いていた。保育者を見て助けを求めていた。
19	金	後期1品、M120cc／PM M120cc		テーブルすべり台		
20	土					
21	日					
22	月				お散歩	＊戸のところのプラスチックのおもちゃで遊びたい！　など思いがはっきりしてきたのか? おむつイヤーでそのおもちゃへ……。遊び終えるとスムーズにおむつ替えへ。
23	火				板坂	
24	水				感触あそび（水の入った袋）	
25	木				お散歩	
26	金				マット山	
27	土				ホール	＊ワンカップのフタが上にのせられると保育者を見てうれしそうに見た。"できたよ！"という感じかな?
28	日					
29	月	▼		水あそび		
30	火	後期M100cc／PM M100cc		プール開き	板坂	
31	水			↓延期		

※天気・体調によりお散歩または水あそび

②7月

0歳児たまご組　**かんすけ**（1歳0ヵ月）　担任　見田村　主任　中村

	ねらい	子どもの活動	配慮	実際の姿
日課・離乳食・睡眠	・カミカミゴックンと食べる。 ・3指で手づかみ食べを意欲的にやる。 ・落ち着いて食べる。 ・一口分かみきって食べられるようになる。 ・気持ちよく一日過ごしていく。 ・気持ちよく寝る気持ちに向かっていけるようになる。	*離乳食を食べる。（後期→完了） *一回睡のリズムで過ごす。 *睡眠をしっかりとる。	・「カミカミだね」「おいしいね」などゆったりと言葉かけをしていく。 ・取り皿に少しずつ入れてあげる。 ・「アグッだよ」と一口分がわかるように援助する。 ・家庭での睡眠時間を見て、午前寝を短くしたり、なくしたりする。 ・どのような雰囲気をつくるか？考えていく。	**●食事**　意欲的に手づかみで食べている。取り皿に少量入れてあげると、3指でつまんで食べることもある。こぼす量は多い。くだものがあまり好きではないが全体的にはよく食べる。 **●日課**　家での睡眠量が足りていないようで、なかなか午前寝はとれない。ゆっくり様子を見て、一回睡へ移行していきたい。
運動・手指・全身運動・あそび	・四ツバイ・高バイでたっぷり体を動かして楽しんでいく。 ・いろいろな感触を楽しみ、自分からふれてみたり遊んでいく。 ・水の感触が気持ちいいと感じていく。	*階段すべり台・テーブルすべり台で遊ぶ。 *感触あそびをする（水の入った袋、片栗粉）。 *水・プールあそびをする。 *絵本 『ねないこだれだ』 『あそびましょ』	・保育者に一緒に体を動かしたり、うたを歌って楽しい雰囲気をつくっていく。 ・「気持ちいいね」「おもしろいね」などことば・表情で共感していく。 ・プールの中でうたを歌ったり、揺さぶりあそびも取り入れてみる。	**●水・プールあそび**　プール開きでは"なんだろう？"と固まっていたが、2回目からは水に向かってまわりの状況は関係なく、動き回っていた。おもちゃを使って上から水をジャーと落とすと、その水をつかもうとじっくり遊ぶ姿があった。じっくり水とかかわる時間を大切にしたい。 **●テーブルすべり台**　のぼろうとするが左足が中に入ってしまうこともあり、うまくのぼれず、あまりやらず、少し援助するとのぼっていく。
認識・感覚	紙面の関係でこの項目内の記述は割合しました。			
人とのかかわり	・保育者とのやりとりで期待する気持ちをふくらませる。 ・"できたよ" "みて" など、何かを伝えたい気持ちをふくらませていく。 ・友だちのやっていることに目を向け、関心をもち、自分でもやってみようとする。	*いないいないばああそびをたっぷりする。 *わらべうた 『ちょちちょち』 *保育者を見返す（伝えようとする）。 *友だちに関心をもつ。	・あそびの中にたっぷりと取り入れていく。 ・かんすけくんが、"みて" など、保育者を見たときに「○○だね」とていねいに返し共感していく。 ・保育者とまわりの子との楽しい雰囲気づくりをしていく。	・生活のいろいろな場面でいないいないばあを楽しむ姿がある。カーテンがとくに好きで、食後にカーテンに自分で隠れて「バァ！」と保育者を見る姿がある。保育者も「バァ！」と返すと、くり返し遊ぶ。 ・友だちとおもちゃの取り合いをして「ン゛ーッ！」とはげしく怒る姿が出てきた。また、保育者とそばにいる子が手あそびをしていると、同じようにまねをすることもある。

日	曜日	日課・離乳食	子どもの様子	活動予定	実際の活動	子どもの様子
1	水	後期、M100cc	→今までとかかわりなく、よくかんで食べている。くまで状で食べる。 ※離乳食は様子を見て早める	プール	プール開き	はじめてのプール！　保育者につかまり立ちして体はとまっていた。"なんだろう？"と見ている感じ。意外な姿?! まなみちゃんがプールに入るのを見て、入って遊びだした。
2	木					
3	金					
4	土					
5	日					
6	月			プール		**●階段すべり台** 斜面のぼりは楽しいようで、何度ものぼっていた。高バイ、四ツバイで！　スゴイ!!
7	火			七夕会	テーブルすべり台／七夕会	
8	水	朝のおやつスタート		プール		
9	木					一回目のプールのときとは違う姿!!　水しか見えていない感じで、とにかく水に向かっていく。プールの枠や友だちは目に入っていない?! 動き回って危なっかしい。水をなめる姿もあり。
10	金			階段すべり台		
11	土			プール		
12	日					
13	月			プール		
14	火					
15	水			感触あそび	（水の入った袋）	体調が悪いため、一日不機嫌！ 体調が悪くなると機嫌も一気に悪くなる。
16	木			感触あそび	（水の入った袋）	
17	金			片栗粉あそび		
18	土					ビデオ研修で、部屋でトッターに足をかけて引き出しにのぼる姿あり。 それまであまり見られなかったが……。 ↓
19	日					
20	月					
21	火			プール／ビデオ研修		
22	水	完了1品				
23	木			階段すべり台		何か部屋のコーナーに体を使って遊べるおもちゃがあるといいとアドバイスあり！　さっそくつくろう！ 牛乳パックでつくる。（中に入ったり出たりするもの）
24	金			プール		
25	土					
26	日					
27	月			プール		
28	火					プールでカップに水を入れて上からジャーとやったりホースの水をとばすと、水に手をのばして遊んでいた。
29	水					
30	木					
31	金					

③8月

0歳児ひよこ組　**かんすけ**（1歳1ヵ月）　　担任　宮地　　主任　中村

	ねらい	子どもの活動	配慮	実際の姿
日課・離乳食・睡眠	・手づかみで意欲的に食べる。 ・コップを持って自分で飲む。	・完了1品 ↓ 完了食　8／5〜 ・午前寝あり ↓ 一回睡	・つかみやすいよう、少しずつ取り皿にのせていく。 ・子どもの様子を見ながら、一回睡に移行していく。	・食事の時に机を出すと、すぐに机にのってしまう。トッターに座っても、ベルトをしたまま立ち上がってしまうため、箱いすに。食べはじめれば落ち着いて座っていられる。2指3指でつまむことができず、ほとんど落ちてしまうが、とても意欲的に食べている。あまりにも食欲がすごいので、朝ごはんを食べてきてもらうよう伝えたら落ち着いてきた。 ・一回睡にしてから、午睡が1〜2時間で起きてしまう。
運動・手指・全身運動・あそび	・3指で小さいものをつかんだりつまもうとする。 ・足腰を使ったあそびで姿勢の変化を楽しむ。 ・水の感触を楽しむ。	・ポットン （ボール、カード、チェーン） ・マルチサークル ・すべり台 ・板坂すべり ・水あそび ・プール ・感触あそび 〈絵本〉『にんじん』『あそびましょ』『おつきさまこんばんは』	・子どもの好きなおもちゃ、あそびを探り、設定していく。	・歩き出して結構たつが、なかなか安定せず、まだフラフラしているのが気になる。 ・プールあそびは大好きで、水面をたたいたり、ホースの水をつかんだりして楽しんでいた。
認識・感覚	紙面の関係でこの項目内の記述は割合しました。			
人とのかかわり	・新しいクラス担任に慣れ、心地よく過ごす。	ふれあいあそび いないいないばあ 〈手あそび〉『りんごのほっぺ』『ちょちちょちあわわ』『魚がはねて』 〈わらべうた〉『ギッコンバッコン』『一本橋こちょこちょ』	・ふれあいあそびなどを一対一で行い、"この人（担任）といるとなんだか楽しいな" と感じていけるようにする。	・ふれあいあそびはとても好きなようで、じっとして（身を任せて）楽しんでいる。かんちゃんが好きなふれあいあそびをたくさんして関係をつくっていきたい。

日	曜日	日課・離乳食	子どもの様子	活動予定	実際の活動	子どもの様子
1	土	完了1品	3日　手づかみで意欲的に食べる。食べている時は静か。 食前は落ち着かず、トッターのベルトをしたまま立ち上がり動く。 すごい食欲→朝ご飯を食べてもらうよう伝えた。	プール	欠	4日　見田村保育士を追う。安心できるところで様子をみていく。遊ぶ時には切り替わり、あそびに集中できている。 ・生活の区切りのところでは、とくに見田村保育士を追って泣いている。そんな時に無理にひよこ組にとどまらせることなく、一度、見田村保育士のところで落ち着けるようにしている。落ち着くと、スムーズにひよこ組に戻れることも多い。 見田村保育士と話し合いのうえ、連携をとりながら対応していく。
2	日					
3	月			プール	プール	
4	火	↓			色水の袋をさわってみる	
5	水	完了食			トンネル	
6	木					
7	金				板坂・シャワー	
8	土			↓		
9	日					
10	月			プール		
11	火					
12	水				夏　欠	牛乳パックの中に出入りするおもちゃもひきついだ。よく入っている。
13	木					
14	金					・プールでは、おもちゃを使うとあそびに集中できる。シャワー状になるものにはとくに積極的。機嫌よく遊ぶことができる。
15	土			↓		
16	日					
17	月		2指・3指でつまんで食べられない。かなり不器用。	プール	↓	午前寝できず……
18	火				プール	・移行期ということで、（一回睡への）機嫌がよくない時もあるが、以前から歌っているうた、ふれあいあそびをすると、目がよく合い、ニッコリと笑ってくれる。
19	水				プール	
20	木				シャワー（マルチサークル）	
21	金				プール	
22	土		1回睡に ↓	↓		・団地の絵や、草に対して "あっ" と指を指し保育士に知らせてくれる。
23	日					
24	月			プール　家で下痢が多い	散歩	
25	火		箱いすに ↓ 立ち上がっても危険は減った。	園でも下痢4回	散歩	・積極的に参加。「バァ」と出てくる時の楽しさが伝わってくる。あそびに集中している時は、生きいきとした表情。生活リズムが整うことで、よりよくスッキリ生活できると思う。不器用ながら、じっくり取り組もうとする姿が見られる。
26	水				トンネル	
27	木				新聞あそび	
28	金				欠	
29	土			↓	欠	
30	日					
31	月			プール	リズム、プール	

活動があげられています。子どもが実際にそれを楽しめる可能性があるかを考えるにあたっては、「四ツバイをするにあたって手が開いているか」「足で地面をけれているか」などの発達的なポイントをそれぞれの子どもが達成しているかどうかが大きな手がかりになります。

それらを確かめつつ、具体的な計画を考える際の素材となるのは、前月すなわち６月の［子どもの様子］［実際の姿］の項目に描かれた記録です。たとえば６月11日の「マット山」にある「ころがるように降りていく……」の記録、［運動］の項目にある［実際の姿］での「階段すべり台」での姿などをふまえて、７月の計画が導かれていったのでしょう。

また、７月には季節の活動として「水・プールあそび」が導入されています。「階段すべり台・テーブルすべり台」とは別の観点から体を動かす活動として位置づけられ、８月にも引き継がれています。また、７月の［子どもの様子］にあった牛乳パックのおもちゃが、８月の［子どもの様子］を見ると、引き続き活用されていることがわかります。**(→166 〜 167ページ)**

資料５のかんすけくんの場合、途中入所によるクラス編成上の都合により、８月からは担当の保育者が変更になりました。６・７月と８月の計画をくらべると、書き方のトーンにはそれぞれの個性があらわれている一方で、ポイントとなる部分および問題意識についてはしっかり引き継がれていることが読み取れます。

先に述べたように、０歳児保育をすすめるにあたってはとくに、ペアを組む担当保育者同士で子どもへの見方を交流し、働きかけの方向性を一致させていくことが不可欠です。担当者の保育歴やそれぞれの持ち味次第で、その子どものどんな面が目につくかは当然のことながら少しずつ異なります。このとき記録として具体的に残されたものをふり返ることで、計画づくりにあたっての担当保育者同士の話し合いをよりスムーズに行うことができます。さらにこの記録は、次に述べる「ビデオ研修」をはじめとする、クラスを越えた保育のふり返りにあたっての手がかりにもなります。

職員間の対話、そして保育実践に「記録」を活かすにあたって、第一そだち保育園で心がけられていることの一つは「担当者が書きたくなるような記録表・計画づくり」ということです。そのために、記録・計画の書式そのものについて、どんな形式が使いやすいかを職員間で確認し、必要に応じて書式の書き換えがなされています。**資料５**はそのようなプロセスを大切に、これまで一定の時間をかけて積み上げられてきた到達点であると同時に、今後ともこの書式自体が書き換えられていくものです。

ここで再度強調しておきたいのは、**資料5**の表の書式は、あくまで第一そだち保育園の職員間における現時点での合意点としてのものであり、他園にも通用する理想的なモデルではないだろうということです。それぞれの園には、その実情に応じた記録の形式がありうるでしょう。一方でどんなに理想的な記録表であっても、実際に活用されなければ意味はなくなってしまいます。たとえていえば、それぞれの家庭において使いやすい「家計簿」の形式は異なりますが、その一方で基本的に備えられている要素は共通しているようなものかもしれません。保育の記録においても同様に、基本的な要素はおさえつつも、みなさんそれぞれの園の実情にあった方法を、各園で対話を重ねながら追求していただきたいと思います。

2 クラスの悩みは園ぐるみで考え合う

園内保育検討会「ビデオ研修」の実際

前節で述べてきたように、日々の保育の計画は、年間保育計画およびこれまでの記録をもとにした担当者間の対話によって基本的には組み立てられていきます。しかしながら問題の内容によっては、クラスの担当者で話し合うだけでは次の保育の手がかりがなかなか見えてこない場合もあります。そのような場合に第一そだち保育園では園内保育検討会として、「ビデオ研修」というクラス担当保育者以外のメンバーも参加する対話の機会が設けられています。

第一そだち保育園のビデオ研修は、クラスごとに年間2～3回程度、通常、園長・主任・他クラス担当の保育者のうち、3～5名程度が参加して行われます。クラス担当保育者は、子どもの様子と、とくに助言を受けたいポイントについて簡単な資料を事前にまとめます。参加者はそれに目を通したうえで、当日の午前中に保育観察をするとともに、保育の様子がビデオに収められます（「ビデオ研修」という呼び名の由来はここから来ています）。午後に２時間程度の時間をとり、担当保育者を含めてビデオを確認したあと、参加者全員の討論にうつります。この研修は、クラスの中の「気になる子」に焦点をあてたケース分析として行われるのではなく、あくまでその子も含めたクラス全体の保育について話し合うことをねらいとして行われるのが大きな特徴です。また、実際に話し合われるのは特定のクラスの保育についてがおもですが、クラスの担当保育者だけでなく、参加者そして園全体にとっての研修となるよう工夫がこらされています。

このビデオ研修は、実際にはどのような形ですすめられていくのでしょうか。ある日の研修の様子をのぞいてみたいと思います。ここで登場するのは、前節の「個別の月案表」（**資料５**）で例が示されている、かんすけくんの所属するクラス「たまご組」を舞台に、７月下旬に行われたビデオ研修における討論を抜粋したものです。クラスから提示されたポイントが話題の中心になるのはもちろんですが、実際の対話はそれだけにとどまらず、参加者それぞれが気づいたことや感想、学んだことなども交えつつ、和やかな雰囲気で話し合いがすすめられていく様子がわかります。

再現 ０歳児たまご組　ビデオ研修討論（一部）

０歳児たまご組は、３ヵ月の子どもから、１歳３ヵ月の子どもまで計７名の子どもたちを、保育者３名で担当しています。この日のビデオ研修には、クラス担当保育者のうち２名（中堅でクラスチーフの見田村、若手の長谷川）と主任（中村）、他クラス保育者３名（２年目の永田、中堅の近藤・久保）の計６名が参加しました。この日の討論は、まずは参加者同士で感想を出し合うことからはじめられました。

中村　「じゃあまず、参加した先生から感想、質問を出してください」
永田　「私は０歳児の保育をはじめて見ました。子どもが午前寝しているときに、保育者は何しているのか？　とずっと思っていたんですけど……。今日、先生たちがおむつをたたんだり、色紙をつくっているのを見てわかりました。それと、０歳児は１人ずつ日課が違っていて大変ですね。臨機応変にその日の子どもの状況に合わせて対応していかなくちゃいけないし、１歳児よりも保育者と子どもが密接にかかわっていかないといけないんですよね。

それと……あゆとくんのことですが、私は今年あまり接していなかったけれど、今日見たら、声を出して要求したり、いろいろなものに興味が出てきていて、手をのばして積極的にモノにかかわっていくようになってすごいなあと思いました。あと、保育者の言葉かけも余裕があって、やわらかく働きかけていて、自分もそんなふうに子どもにかかわっていかないといけないと思いました。それから、今日、まほちゃんが泣いていましたけど、それを見ている時に中村先生に『永田さんだったらどうする？』って聞かれたんですけど……。私だったら気分転換に園内散歩にいくかなあ。みんなだったら、こんなときどうするか聞いてみたいですね」

見田村「今日はまほちゃん、給食室をのぞきに行くと落ち着いて……。いつもはあんなに崩れないんですけど。でも、泣けちゃう時はいつもごはんを取りにいくと落ち着きますね。んー、本当はもっと早く気分転換しにいくべきだったんですよね。ビデオ研修ということで緊張して頭が真っ白になっていました……」

中村「そうだったんだー。いつもはそうやって切り替えられるように働きかけているんだね。そうだね、そうやってあんまり泣くのを長引かせないことも必要だよね」

ビデオ研修に参加する保育者の中には、３月までそのクラスの子どもを担当していた保育者もいれば、まだ０歳児クラス自体を担当したことのない保育者もいます。クラスの保育についてがおもな話題であるのはもちろんですが、参加する保育者それぞれにとっても、自分の保育をふり返ったり、新たな発見ができたりする機会になっているようです。

近藤「ここ何週間かたまご組に入っていなかったけど、子どもたちがだいぶ変わったなあと思いました。かんすけくんもまだおぼつかないけど６月終わりより歩いているし。気になったのは……10時半までみんな寝ていて、そこから全員起こして、廊下に出て着替えをするかと思ったけど、先生たち３人とも部屋の中で着替えさせたり、片づけたり、机出したり………。保育者の動きが少ないのはいいけれど、寝る・食べるが一緒になって流れ作業みたいに見えました。もう少し区切りをつけるといいかなあ」

中村「そうだね。クラスでもそのことが話したいんだよね。じゃあ、あとでゆっくり話そうか」

ビデオ映像にくわえ、他の保育者の視点がくわわることで、クラス全体での保育者の動きという、担当保育者だけではなかなか気づきにくい課題を見つけることができました。

さて、クラス全体の話を経て、対話は徐々にクラスから提示された問題へと入っていきます。

近藤「それと、あかりちゃんですけど、離乳食のときにトッターを傾けて座っていたけど、もう机を出してトッターも直角にしてイスみたいにして座らせたほうがいいんじゃないかなあ？」

長谷川「クラスでも食べるとき、どんな姿勢がいいか迷っているところもあって……。まだ今月入所したばかりでほとんど離乳食を食べなかったから、いろいろ試行錯誤しているところです。先週１回、机出してやってみたんだけど、コレでいいのか?!　と自信がなくて。とりあえず今日はいつものようにやってみたんです。みんなに見てもらって、意見もらおうかと……」

近藤「トッターを直角にするのっていつからだっけ？……私自身も０歳児担当だったとき、なんとなくやっていた気がして……じつはそこが私も聞きたかったんですけど」

久保「お座りがしっかり自分でできるようになってからだよね」

長谷川「そうですよね。わかっているんですけど、なんか７ヵ月になったばかりで、まだ早いかなとクラスで話していて。それで、いろいろ試してみようとやったんだけど、本当にこれでいいのかと迷って……」

見田村「あかりちゃんは確かに、月齢を考えると身体の動きは早いですよね。もうつかまり立ちするしね」

久保「人の顔を見るとつかまって立ってしまうよね。動きを見ると縦方向のものが多いですね。でも一旦立つとその姿勢では遊べなくて……。認識の発達は７ヵ月くらいだよね。体だけ前にすすんでいかないように、月齢に合ったあそびとか充実させてあげるといいですね」

中村「あと、食事では、隣のあゆとくんのことをジッと見ていて食べることは好きなんじゃないかな。『立ったら遊べない』というのと同じで、ちょっと姿勢の工夫で食べられるようになるんじゃないかなあ」

久保「あかりちゃんは自分でお座りできるし。座ることができる子にとって、斜めに座らされるのって逆に不安なのかもしれないですね」

中村「歯医者さんで斜めに倒されて座っている感じだよね」

永田・見田村「あ～、おとなでも嫌かも」

中村「そうだね。それに直角に座ることで、視界も変わってごはんも見えやすくなるし、隣の子が食べている様子も見えていいかもしれないよね」

長谷川・見田村「じゃあ、早速明日やってみます！」

近藤「あと、あかりちゃんあんまり食べないと言ってたけど、口の中のものがなかなか減らない感じなんじゃないかな。だから、先生がスプーンでごはんを口に入れても、“まだ入ってるよ”って口があかないんじゃないかなあ」

長谷川「その通りですよね。今日ビデオで自分の食べさせ方を見て、“なんでこんなやり方をしたんだろう”って反省しました。無理に入れているようで」

あかりちゃんの食事場面での援助について、対話そしてビデオ映像を通じてふり返る中で、担当保育者もこれまでとは異なる点に気づけ、次へのアイデアが得られたようでした。

話題はさらに、かんすけくんをはじめとした子どもたちのあそびの様子へと移ります。

久保「たまご組の子をじっくりみるのははじめてだったんですけど……。

あゆとくん、すごく期待の表情いっぱいで、気持ちが育っているなあと思いました。カーテンにさわりたくて、一生懸命手を伸ばして取ろうとしていて、取れたときに『取れたね』って先生が声をかけていて、そういうやりとりって大事だなと思いました。あと、食後の様子ですけど、かんすけくんは大変そう。危険で目が離せませんよね。その分、しょうくんとか他の子に目がいきにくいんじゃないかなと思いました。かんちゃんにつくことが多くなっちゃうけど、他の子たちに視線や声で『見ているよー』というのを送ってあげられると子どもも安心して遊べるんじゃないかなぁと思います」

中村　「それって、大事なことだね」

永田　「それにしても、かんちゃんはすごかったですね」

中村　「そうそう。トッターに足かけてのぼって、さらにその上の引き出しによじのぼろうとしていたよね」

近藤　「いつもあんな感じなの？」

見田村「んー、いつもはそこまではげしくないですね。最近、食後はカーテンでよく遊んでいて、いないいないばぁあそびが好きで、かんちゃんがバアって顔を出して遊んでいると他の子も来てやりはじめるんです。でも、カーテンに体ごと倒れこんでいく感じで、とにかく危なっかしいんです。アンテナもいっぱいはりめぐらされていて、集中できないって感じで……。あちこち気になる、でも体はついていかないから転んだりぶつかったりして、一緒にいるといつもヒヤヒヤなんです」

久保　「でも、バアとやるときは目が合っていましたね。他では保育者と目が合うことってあるんですか？　たとえば、すべり台をやってのぼれたら“やったー”とか」

見田村「んー、少しずつ出てきたかな。でもなかなかむずかしいかも。だから、意識してかかわるようにはしているんだけど……。『できたね～』と返していくことで、ハッとしてほしいなと思って……。でも最近、ワンカップのふた閉めで、閉めたときに『アーアー』って言っていて、“あー、できたよ！　って伝えてくれた！”ってうれしかったことがあったかな」

中村　「少しずつそんな姿も出てきているのかな……。かんちゃんの他のあ

photo　“明日の保育”が見えてくるビデオ研修

上左　笑顔とともにビデオ撮影。観察者が「かかわってはいけない」研究保育と異なり、自然に子どもと遊び、ことばをかわす

上右　撮影の合間、クラスで悩んでいること、子どもの話がもうはじまっている

左　廊下で観察する保育者たちの目もあたたかい。あとでビデオも見るが、参加者は自分の目で保育を見て気づいたことを記録。見る側にとっての研修でもある

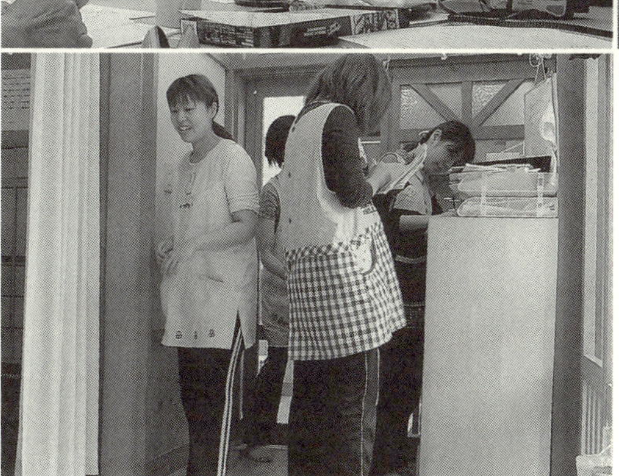

上左　雰囲気はあたたかいとはいえ、自分の保育を見られる保育者は緊張するという。でもクラスの悩みが共有され、子どもの姿が多面的に語られ、明日の手だてが見えてくると、この笑顔

上右　保育づくりの土台となる日々の記録の風景

左　立ったまま寸暇を惜しんで記録、打ち合わせ

そびの様子はどうかな？」

見田村「プールでは、はじめてやった時は、“なんだこれ？”という感じで固まっていました。でも２回目からは、まわりは関係なく水に飛び込んでいったりとすごかったです。それからマット山でも『マットに遊ばれている』っていう感じでした。体がうまく使えず、のぼっても転がり落ちるんです。でも何度もやっていく中で、最近は必死な様子はなくなってきて、ゆっくりのぼったり降りたりして楽しみだしたように思います」

長谷川「あとは、絵本とかふれあいあそびは大好きで……車を走らせるのも好きかな。でも、不器用で飽きるとすぐ投げてしまいますね」

対話を通じ、かんすけくんの姿がさまざまな角度から少しずつ見えてきました。クラスの子どもたちの様子を直接観察しての印象にくわえ、過去に担当して似たような姿を見せた子どもの様子、現在担当している子どもたちに対して工夫している点、これまでに経験してきた他園でのおもちゃの工夫など、それぞれの保育者が魅力的なアイデアを出し合うことで、充実した討論になったようです。

近藤　「なんか、去年担任していたるみかちゃんによく似ているかも。るみちゃんもマット山に這わずに飛び込むし、マルチサークルにも飛びこんでいましたよ。後半はよく見て遊ぶようになりましたけど」

中村　「るみちゃんもかんちゃんも体がついていかなくて、気持ちが先にいっちゃうんだよね……。そういう子たちには部屋でもゆっくり遊べるもので、どんなおもちゃがいいんだろうね。知りたいよね……。今のるみちゃんの場合はどんなあそびがいいのかな？」

永田　「絵本とか、ブロックとか、集中できる何かがあれば遊べますね」

久保　「トンネルとかいいかも。いないいないばぁがかんちゃん好きだし、いいんじゃないかなあ」

近藤　「あーそれとか、天使みつばち保育園（第一そだち保育園の姉妹園）でつくって遊んでいた牛乳パックでできた四角いドーナツ形のおもちゃ。その中に入ったり出たり、ボールを入れたりして遊べていいかも」

かんすけくんのためにつくられたドーナッツ型のおもちゃ
自分で出入りできる高さと適度な重さ。中に入ると姿勢が安定し、おもちゃとじっくり遊べる

中村　「それなら危なくなくて、かんちゃんも遊べるかもね」

長谷川・見田村「つくってみようかな」

中村　「あと、気になったのが、あゆとくんのおもちゃなんだけど。吊りおもちゃで遊んでいたけど、もうあゆくんには物足りないのかな、という感じで見えたけど」

長谷川「んー、“ちょっと待っててね”と言う感じで置いたんですけどね……」

中村　「保育者は“ちょっと待っててね”のつもりだとしても、子どもにとっては“ちょっと待っててね”とはならないよね。“ちょっと待っててね”をあそびにできるようなおもちゃも考えないとね」

長谷川「そうですね。あゆくんについてもどんなおもちゃがいいのか、今おうちの方にも聞きながらいろいろ考えていて……。また何かいいアイデアがあったら教えてください」

中村　「あと、クラスで話したかった保育者の動きとかのところは……。えー、今日は時間がないから、またクラス会議とかで話そうか」

ビデオ研修の後は、クラス担当保育者が『ビデオ研修で学んだこと』という報告書をつくることになっています。そして後日の職員会議で全員に報告することで、ビデオ研修に参加できなかった職員を含め、全員で学びを共有できるようにしています。

今回のビデオ研修では、**資料6**のように報告がなされました。

ビデオ研修での対話を通じてヒントを得た担当保育者は、翌日からの保育ですぐにいくつかのアイデアを実践してみたようです。「びっくりするぐらい子どもの姿が変わりました！」と、休憩時間などに担当保育者がうれしそうにみんなに話す様子がみられました。

この日のビデオ研修での話題の一つは、入所して間もないあかりちゃん（7ヵ月）についてでした。中期食1品の離乳食を少しずつ食べるようにはなってきているものの、当初はなかなか食べられずに担当保育者も試行錯誤していたことから、とくに食事場面での援助についてがこの日の討論のポイントとして提起されました。観察やビデオでの様子をふまえた話し合いの結果、トッターに角度をつけていたのをやめて机を出してみること、食べさせるペースを工夫することなど、いくつかのアイデアが出され、翌日の保育から早速実践されたようです。その結果、担当保育者も驚くほど姿が変わり、ごはんをよく見つめるようになり、大きな口を開けて意欲的に食べる姿が見られたとのことでした。

また、もう一つの話題は、**資料5**（155ページ）でも登場したかんすけくんの姿でした。7月中旬で1歳になるかんすけくん。歩けるようになったものの、あそびの中での体のかたさが目立ち、よく転んだり、マット山から転がって落ちる、友だちとぶつかりそうになる姿が見られるなど、先立つ気持ちに体がついていかないような危なっかしい姿が時折みられたことを、担当保育者は気になっていたようでした（**→資料5①6月・②7月**の［実際の姿］［子どもの様子］）。

ビデオ研修にて話し合った結果、ダイナミックに体を動かすだけではなく、体を落ち着けてじっくり遊べるようなおもちゃの導入が提起され、同時にあそびの中で感じた喜びを保育者がていねいに受け止めることの大切さが改めて確認されました。また、クラス全体の体制として、グループ活動を取り入れ、かんすけくんも含めたクラスの子どもそれぞれのあそびを十分に保障できる場をつくることの必要性にも気づくことができました。

先にも述べたように途中入所児が多かった関係で、かんすけくんのクラスと担当保育者は8月から変更されましたが、それまでの問題意識が引き

資料６　ビデオ研修報告書

０歳児たまご組７月ビデオ研修で学んだこと

話し合われたこと

①午前寝から食事まですべて同じ部屋で過ごしていたが、子どもたちが見通しを持ちやすくするためにも、廊下に一度出るなど、部屋の使い方を工夫してはどうか。

②子どもが泣いているときなどは、変に長くそれを引きずらないよう、すぐにすっきりと気持ちを切り替えられるようかかわることが大切。

③安全を気にせず、かんすけくんと他の子たちのそれぞれの活動を保障できる日もつくっていこう（保育者が３人いるのをうまく利用して活動を分けるなど）。

今後の工夫

①**かんすけ**　じっくりと向かい合って遊べるおもちゃを用意していこう（ポットン、牛乳パックのドーナツ型トンネルなど）。

②**あかり**　トッターを起こして離乳食を食べてみよう（イスに座ることで視線が下がり、他の子の食事の様子が見やすくなることを期待）。また口の動きなどの様子を見て離乳食をすすめる（口の動きが弱いので）。あそびや課業のときなども、体だけが前にいってしまわないような工夫をしていく。

③**あゆと**　“ちょっとごめんね”と保育者の思いでおもちゃを出す時、吊りおもちゃでなく、あゆとくんが自分からかかわって、楽しんで遊べるおもちゃを用意していこう（引っぱる、のびるおもちゃなど）。

④**しょう**　保育者を求める姿があるが、一人あそびになることが多い。「できたね」「○○だね」と“見ているからね～”と視線や声を送っていこう（これはしょうくんにかぎらず）。

継がれ、保育が続けられています（**→資料５　③８月**［子どもの様子］）。このような点からは、それぞれの子どもへの手だてを念頭におきつつも、その子を園全体で受け止め支えていくという意識を具体化するものとしてビデオ研修が機能していることがわかります。

討論の中で担当保育者が実際に口にしているように、ビデオ研修は、担当保育者にとっては自分の実践を観察され、さらに一時的とはいえビデオで記録されるということで、とくに午前中の保育観察は緊張する時間となるようです。しかしながらビデオ映像があることで、他者に指摘されるまでもなく、自分たちの保育のあり方について気づけることも多くあります。またそれ以上に大切なことは、ビデオ研修が自分たちの保育実践をふり返り、単に反省する場として機能しているだけではなく、他の保育者との対話によって「次にこんなことをやってみたい」という前向きなアイデアが生まれる場にもなっているということです。担当保育者と主任保育者にくわえ、他クラスの保育者がくわわることは、これからの実践へのヒントがより多様な角度から提供されるということに結びつきます。担当クラスや経験年数の異なる多くのメンバーによる討論によって“明日の保育”が見えてくることこそ、ビデオ研修の醍醐味だといえるでしょう。

第一そだち保育園のビデオ研修においては、当該クラスの保育者が「(研修の機会があって）よかった！」と思える研修にすることが大切にされています。そのために、クラス担任の意向で研修をすすめること、具体的にはクラス担任自ら助言を受けたいポイントを示し、研修のまとめを執筆することがなされています。まとめが書かれることで、ビデオ研修に参加できなかったメンバーも含め、園全体で研修の成果を共有することが可能になります。

このビデオ研修の魅力は、第三者が保育の欠点を指摘し、改善させるために実施されるのではなく、保育者同士の対話をベースに、当事者自身の気づきや新たな発見につなげるための研修として展開されている点にあると思います。クラス担当の当事者間だけでは解決がむずかしい問題であっても、このように第三者を入れた対話の機会を設けることで、相手の新たな面に気づけて問題が解決したり、新たなアイデアがめばえたりすることがあるでしょう。また対話の機会は、担当保育者以外にとっても、学習や発見のよい機会となります。そのような意味で、保育をふり返るこのような討論そして対話のプロセスは、保育の計画づくりを支える本質的な機能をもっているといえるでしょう。それが日々の保育実践の中に織り込まれて展開されることで、本当の意味で魅力的な保育をつくり出す計画づくりがはじめて実を結ぶのではないでしょうか。

第３章 対話でつくる０歳児保育

おとな同士の信頼関係をどう築くか

本書ではこれまで、「対話」から保育をつくりあげていくことを大切に議論をすすめてきました。「はじめての子育て」に直面する家族と向き合うことも多く、同時に子どもにかかわる保育者の数も多い０歳児保育においてはとくに、子どもを取り巻くおとな同士、すなわち保護者ならびに保育者間の連携と対話のあり方が保育を円滑にすすめていくうえで必須の課題であることは言うまでもありません。家庭との、そして保育者間の対話によって何がめばえ、それをいかに子どもたちへ還元していけるのか、また対話そのものをスムーズに、そして有意義にすすめるためのポイントは何かについて、最後に改めて２本の保育実践をもとに考えていきたいと思います。

1 家庭とともに保育をつくる

保護者との対話を職員集団で支える

０歳児保育における“対話”として、第Ⅰ部では０歳児の世界と対話しつつ、発達の特徴と保育で大切にしたいことをまとめてきました。そして第Ⅱ部では保育実践を前にしての、またここまでの第Ⅲ部では保育計画とそのふり返りにあたっての保育者間の対話を描いてきました。０歳児保育においては、これらに劣らず大切な“対話”として、子どもの生活を支えるおとな同士である、保護者との関係づくりをあげることができます。ここでとりあげるのは、保護者との対話の試行錯誤を経験しつつ、それを保育者同士の対話を通じて乗り越えていくプロセスがよく見えてくる実践です。この保育実践記録のもともとのタイトルは「親と保育者がつながり合い、子どもを真ん中にして心地よく過ごせるために」でした。ここの実践で焦点があてられている、0歳前半ころの子どもの豊かな生活を支え、保護者とともにそれをつくり出していくためのポイントを探りながら、対話を通じ家庭とともにつくりあげる0歳児保育のあり方を改めて考えたいと思います。

実践①　保育者のほうから先に変わる

石原愛子・大野房子

11月にけんたくん（3ヵ月）が入園しました。おにいちゃんがいますが、公立保育園に通っているので、そだち保育園ははじめてになります。入園の面談の時はごくごく普通のお母さんという印象でした。ホールから部屋に移動する際も、おもちゃを出して遊んでいたお兄ちゃんに「今からお部屋に行くからおもちゃ片づけてね」ときちんと声をかけていて、お兄ちゃんも「はーい」と言って自分でちゃんと片づけをしている姿に偉いなと思ったのを覚えています。

あれっ？　と感じはじめた出来事

入園の面談の時に、「保育園で熱が37.5℃出たら、連絡をほしい」と言われました。この際、38℃ではなくていいか再度確認しましたが、いいと言われたのでそのまま受け入れることにしました。

保育園生活がスタートし、数日たったころ37.5℃まで熱が上がってしまいました。このくらいの熱は、乳児なら体調が悪くなくても出てしまうことが多く、実際けんたくんの様子を見ても元気そうでしたが、お母さんの意向を受けすぐに電話を入れてみました。すると「37.5℃ですか？　それくらいの熱は赤ちゃんなら普通ですよね。これからはかけてもらわなくてもいいです」と……。驚いてそのまま受け入れましたが、お母さんのことをちょっとわからないなあと思ったはじめての出来事でした。

その後、提出してもらいたい書類のことで、以前に伝えた玄関ポストのことを話すと、はじめて聞いたとのことでした。ちゃんと伝わっていなかったのだと思い、再度場所を伝えましたが、あとから、担任2人をはじめ園長、主任、他のクラスの保育者という5人の保育者が伝えていたことがわかりました。

なかなか伝わらないむずかしさ

入園したころ、お母さんは事務のパートをしていましたが、仕事がどんどん減ってきていたようで、午後からの出勤だったり、早い時間に仕事が終わったりと毎日ばらばらでした。そのため、面談の時に希望した保育時間に登園することはなく、毎日いつ登園してくるのかわからない状況でした。さらに困ったのが日課表やノートへの記入がなく、朝起きてきた時間やミルクを飲んできた時間がわからないことでした。

けんたくんは、この時期まだ４ヵ月になったばかりだったので、保育園で１日生活するうえで、朝起きた時間やミルクの時間などを把握するのはとても大事なことです。実際、けんたくんが泣いていても、お腹がすいているからなのか、ねむたいからなのかわからず、不快な状態にさせてしまっていました。けんたくんの様子を含めお母さんにくり返し伝えるのですが、なかなかできないようで、伝えた次の日には記入してあっても、それが定着しないのでした。

なんでできないの？　と否定的な見方に

12月に下痢が３週間続き、そのせいでおむつかぶれもひどくなってしまっていました。もともとタンスの中に必要な枚数の服が入っていなかったのですが、下痢で汚れてしまい替えることが多くなり、足りないと保育園の服を貸すことがよくありました。服を貸してもなかなか返ってこなかったり、次の日に普通に着させてきたりすることに、保育者の中でも“なんで？”という思いが強くなってきました。正直“ないなら貸してあげよう”と快く貸すというよりは“またないなぁ、ちゃんと返ってくるのか”という気持ちになってしまっている自分たちがいました。

そんななか１月に入り、お母さんの仕事が変わって、朝７時から夜７時までの保育になりました。朝は時間がなく、けんたくん（５ヵ月）と荷物をそのまま置いて仕事に行ってしまうことも少なくありませんでした。慣れない新しい仕事と、朝、夕の時間の余裕のなさに、お母さんも必死なんだろうなと思い、朝は来たままのけんたくんをそのまま受け入れたり、衣服の洗濯物を減らしたりなど、できるところでお母さんの負担を減らすことはしてきました。ただ、けんたくんが少しでも一日心地よく過ごせるにように、朝起きてきた時間やミルクの時間、量などは必ず記入してもらうようにお願いしました。これもなかなか定着しなかったのですが……。

このころやっと下痢が落ち着いてきたので、少し遅れていた離乳食を開始することにしました。お母さんに離乳食の話をすると、家ではすでに前から食べていたとのことでした。さらにいろいろ聞いていくと、レトルトのおかゆに岩のりと塩を混ぜたもの、コンソメスープという中身がわかりました。いろいろ驚かされることはありましたが、今回はかなり驚き、内容ももちろんですが、こちらから聞かないと、離乳食をはじめていたこともお母さんからはなかなか話が出てこないということがよくわかりました。この時に、12月にずっと下痢が治らなかったのは、ひょっとしたら家でしっかりと味のついた物を食べていたからではないか？　とつい思ってしまいました。

その後再び下痢が続き、今回は医者から離乳食をやめて、ミルクも薄め量も減らして飲ませるよう指示が出ました。しばらく続けるとけんたくんの体調もよくなってきて、量が半分の薄めたミルクじゃ足りないと泣いて怒るようになりました。なかなかお母さんに直接会えないので、ノートやメモをつけてけんたくんの様子を伝え、大丈夫そうならミルクの量をもとに戻してもらうようお願いしました。

しかし、お母さんから変えてくれる様子はなく、どうやったら伝わるのか伝え方を考え「～してもらえるとうれしい」といった伝え方ではなく、「～してください」とはっきりと伝えるなどしてみました。それでもなかなか伝わらなく、目の前のけんたくんの不快な状態を見るとかわいそうでならなく、お母さんに対して“なんで？”という思いと、保育園で先に変えてあげられたらという思いが強まるばかりでした。

職員会でのアドバイスを受けて

この時ちょうど職員会があったので、そこでけんたくん、お母さんの様子を話し、支援をしたいと思いつつうまくできない状況を相談しました。保育園でおさえたい生活の基本と、お母さんへの支援との狭間で悩んでいることについては「基本はあるけど、けんたくんの状況を考えると、今はなんでも受け入れてもいいんじゃない？」と意見をもらいました。その言葉を聞いて“やってあげたいけど、やってもいいのか……”という迷いが消え、踏みきれないでいたのが“ポン”と背中を押してもらったような気持ちになりました。また「お母さんに入る言葉っていうものがあるんだろうね」と言われ、ハッとさせられました。これまで、“お母さんに伝えたい、わかってもらいたい”という自分たちの思いばかりで、そこまで考えることができていなかった気持ちの余裕のなさに改めて気づきました。

保育者の気持ちが変わった

職員会でのアドバイスを機に、担任２人の気持ちが変わりました。今までは“お母さんを支援しよう”と言いつつも、つい求めてしまったり、期待をしてしまっていました。ここで、伝えたいという気持ちから“聞こう”という考え方に保育者自身が変わり、実際に実行していくことにしました。

ミルクに関しては、早速次の日に保育園で量を増やしてみました。けんたくんも満腹感を感じられているようで機嫌もよくなり、そのことをお母さんに伝えると、お家でもミルクの量を増やしてくれました。なんでこんな簡単なことができなかったのだろう、基本が大事とはいえ、それにこだわってしまっていた自分たちが恥ずかしくなりました。

また、今まではたまに会える時は“この機会に”と、ついお願いごとなどしてしまっていましたが、「お母さん仕事はどう？」「朝早くから大変だよね、お母さんよくがんばってるね」とお母さんの大変さや気持ちをそのまま受け入れるようにしました。すると、自分からはあまり話さないお母さんですが、保育者のほうから話をしていくとポツリポツリといろいろなことを話してくれることがわかりました。また、ノートの言葉かけに対して「ありがとうございます」と気持ちを書いてくれるようにもなりました。

そして、このころからけんたくんのこともノートで「こんなことができるようになった」「かわいい」「幸せです」などと書いてくれるようになりました。お母さん自身は、今でも日課表の記入がなかったり、タンスの中が空っぽだったりと、変わらないことも多いですが、保育者の気持ちが変わったことで“なんで？”と思わなくなり、保育もしんどくなくなりました。

今はお母さんをそのまま受け入れることを大事にしています。お母さんを受け入れることで、けんたくんに対しても見方や考え方が変わり、心地よい時間をつくり出すことができているように思います。

今回のことでは、担任だけでなくいろいろな人のアドバイスがあって考え方の幅を広げてもらったことで、保育者の気持ちが変わり、それによってお母さんをそのまま受け入れることができました。これからも悩んだり困ったときにはまわりの人の助けをもらいながら、まずは目の前の子どもが心地よく過ごせるにはどうしたらいいかを考え、よりよい手だてを探りながら保育していきたいです。

実践②　しんどさの感じ方は人それぞれ

石原愛子・大野房子

抱っこだけで過ごす毎日

10月にたくみくん（5ヵ月）が入所しました。家ではおとなに一日中抱っこされて過ごしてきました。そのため、保育園でもひたすら抱っこを求め、だれでもいいから抱っこされれば泣きやむといった姿でした。少し落ち着くと保育者の膝の上に座らせてみて、座った状態で遊べないかと試みるのですが、足が床にふれるだけで怒って泣き出してしまうのです。また、おもちゃを手に握らせてみても、すぐに落としてしまいまったく持てない姿で“遊ぶ”といった経験がほとんどないんだなと思いました。

少しずつ抱っこからおりられるように

3週目に入ったころ（6ヵ月）から、5分くらいなら床におりて遊べるようになってきました。すぐに泣いてしまうのですが、抱っこされて落ち着くと少し床におりて遊んで……とそのくり返しを行ってきました。このころからユラユラ椅子に座ると気分が変わり、吊りおもちゃにふれて遊べるようになってきて、少しずつ指も動かせるようになりました。

家では変わらない姿

11月に入ると、週明けは泣いていることが多いものの、ほとんど床におりておもちゃを手にして遊べるようになってきました。また、日課もきちんと整ってきて、ぐっすり寝て、たっぷり飲んでそしてあそびに向かえる姿があり、当初の泣きから考えると予想以上の落ち着きの早さに驚くほどでした。

しかし、家では入園前とまったく変わらない姿で、休みの日は10時間も抱っこしている日もあるとのことでした。このころからノートでもお母さんのしんどさが書かれるようになりました。ノートでお母さんの気持ちを受け止めながら、たくみくんの好きなあそびを伝えたり、会えた時にはゆっくり話をするようにもしてきました。話をしたあとは「先生が話を聞いてくれて少し楽になった」と言ってくれたのですが、実際たくみくんの家での姿が変わることはなく、お母さんは抱っこのしすぎで体を痛め、精神的にもめいっている様子がうかがわれました。

かわいいけど見られない？

たくみくんは保育園に入園して、まだ一度も休むことがありませんでした。集団生活をはじめたばかりの０歳児は体調を崩す子が多いので、たくみくんはすごく丈夫だなと思いました。ところが、１月の中旬（８ヵ月）に下痢、嘔吐の症状が出てしまいました。家で一日に何度も下痢が出ていたのですが、それでもお母さんは普通に保育園に連れてきたのです。もちろん機嫌も悪く、ぐったりして起きているのもやっとというような状態でした。保育園で過ごすのはたくみくんにとってもしんどいだろうなと思い、熱はなかったのですがお母さんに電話を入れて、たくみくんの様子を伝えることにしました。お母さんは「できるだけ早く行く」と言ってくれたのですが、実際お迎えにきたのはいつもとほとんど同じ時間でした。

そして翌日、下痢の状態は変わらないもののいつものように登園してきました。家ではなかなかたくみくんのことを見られないのだと思い受け入れましたが、昨日と同様体もぐったりしていて保育できる状態ではなかったので、お昼に電話を入れると、お姉ちゃんも熱が出たとのことで早めに迎えに来てくれました。

このようなお母さんの姿を見て、お母さんはたくみくんのことを「かわいい、かわいい」と言うのですが、お母さんの言う「かわいい」とはどういったものなのか？　子どもの体調が悪いときでも、見ることがしんどいのか……と考えてしまいました。

“聞くこと”も小さな支援

お母さんの様子を見て、休みの日に抱っこをし続けるなど子どもとの関係を自分でしんどくさせちゃっている場合もあるだろうなと思い「こうしたらどう？」といろいろアドバ

photo　保護者とともに保育をつくる

上左　おはよう！　今日もいっぱい遊ぼうね
家庭でも、園でも、どの時間帯も子どもが気持ちよく安心して生活できることを第一に

上右　今日の保育の様子は「かべだより」で速報！
帰り道の親子の会話もはずみます

左　今日は普段の保育の様子を保護者が目にする参観日。子どもに気づかれないように隠れて……

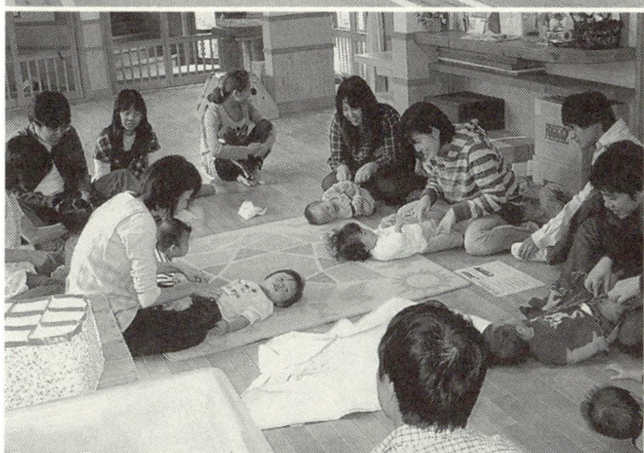

上左　親子で遊ぼう会にはお父さんも参加。わが子はこんなあそびが好きなんだ、と新たな発見

上右　母同士、夜が更けても話は尽きない

左　父同士、苦労して設置した分、味も格別の流しそうめん。肩書きぬきの素のつきあい。連帯感も自然に生まれます

イスをするのですが、お母さんはやろうとする前から「でも……」と言って、やってみようとする様子はあまりありませんでした。お母さんがいろいろ話をし、ただただ「そうなんだあ」と聞いたあと、ちょっぴりほっとしたような顔で帰って行く姿を見ると、お母さんは愚痴やしんどさをただ聞いてほしいように見えました。

“聞く”だけでは実際、たくみくんの家での状況が変わることはむずかしいかもしれません。ですが、私たちが聞くことでお母さんの気持ちが楽になり、少しでも前向きになれるのであれば、それもお母さんを支えることにつながると思います。そして、そこから少しずつ信頼関係も築いていけるのだと思います。

今、たくみくんは家でも少しずつ遊べるようになり、ひたすら抱っこといった姿ではなくなってきているようです。お母さんからも“しんどい”という言葉があまり出なくなり、少しは余裕が出てきたのかなと思います。

“何を求めているのか？”を探る大切さ

今回のたくみくんのお母さんの場合は“聞く”ことがお母さんの支えになりました。しかし、人によって求めていることはさまざまで、けんたくんのお母さんは“聞く”というよりも、お母さん自身をそのまま受け入れることが大事だということがわかりました。これは、同じように見えて違うことだと思います。親とのかかわりや支援を考えたとき、まずはその親がどんな人なのか、どんなタイプなのかを見極めることが必要です。そして、何を求めているのか、どういった支援をしたらよいのかを探ることが大切だと思います。それには時間もかかるし、いろいろな人のアドバイスや助けも必要となってきますが、今回半年がたとうとしているところでそのことが見えてきて、探りながら今やっていることが、これからにつながっていけたらと思います。

comment　双方向の関係を築くための柔軟で多様な引き出し

０歳児を育てる保護者の方々は、はじめての子どもであればとくに、大きな期待と不安が入り交じる中で日々の子育てに向き合われることでしょう。一方、たとえ２人目以降の子育てであっても、はじめての期待・不安とは異なるものの、それなりに新たな発見や期待、そして不安があるのかもしれません。お風呂の入れ方、食事のつくり方・与え方等々、具体的な手順も含めて意外に忘れてしまい、とまどいながら子育てする場合もあると思われます。このように子育てにおいて感じられる問題の中身は、当然ながら家庭ごとにさまざまです。このことは、実践にある「“保護者が受け入れられる・保護者に響くことば”は一人ひとり異なる」ことへと結びつきます。私たちはそれをどのようにして的確にとらえ、個性やタイプのそれぞれ異なる子どもそして保護者とともに、０歳児の子育てを楽しみつつ、支えていくことができるのでしょうか。

人生の“はじめの一歩”である０歳児におけるおとなとの関係は、他の年齢にくらべてより本質的なものです。「信頼関係」「１対１のかかわり」などは、一般にどの年齢においても大切にされるべきことでしょう。しかしながら０歳児が友だちとの関係に踏み出せるまでにひとり立ちしていくには、おとなによる支えが必要不可欠です。つまりそれは、０歳児にとっておとなとの関係が占める比重が特別に大きいことを意味しています。子どもの24時間を把握しなければ“今”の様子が見えてこない０歳児保育においては、保護者と保育者が子育てを「バトンタッチ」していく関係づくりが求められるでしょう。その点からも、０歳児保育では保育者と保護者が正面から向かい合い、やりとりを必要とする場面が、他の年齢のそれにくらべ非常に多くなると考えられます。

では、この０歳児期に欠かせない保護者と保育者の信頼関係づくりにあたって、どのようなことをふまえておけばよいのでしょうか。第一そだち保育園では、ある年の０歳児クラスの方針づくりの話し合いでこのテーマがとくに話題となり、①親のタイプや家庭状況をしっかりとつかみ、保育者の思いも伝えながら、親の思いを受け止めていく、②それぞれの親と連携、また親との交流をどのようにやっていくか探り、手だてを考えていく（懇談会、家庭訪問、連絡帳でのやりとりなど）、の２つがクラス方針として導かれました。この話し合いの中で、自らも保護者である保育者は、体験もふまえ次のように語っています。

「……自分の子どもを保育園に預けてみて、連絡帳だけじゃ伝わらないことがわかった。いろんなやり方で思いを響かせたい。“今日は園では○○でね”と言ったら、“家では△△だったよ”と一方通行じゃなく相互通行のやりとりを大事にしたいんだよね。やりとりで得た情報を保育にも子育てにも活かしたい。たとえば４月はじめにあんまり家で遊んだことを書かないお母さんが、連絡帳に『“一本橋こちょこちょ”やったら喜んでました』と書いてきたことがあった。どうしたのかなと思ったら、少し前に長谷川先生が連絡帳に保育園で“一本橋こちょこちょ”をやったらすごく喜んだことを書いたみたい。で、そうやって遊び方を伝えたら、家でもやってみて次の日の連絡帳に家での様子を書いてきてくれた。そういうやりとりが大事！　と思った。これがダメならこれで行こう！　と考えようと思った」

ここでポイントとなるのは、一方的な情報発信や受け止めではなく「やりとり」が大事である、という指摘でしょう。家での子どもの様子がなかなか連絡帳にあらわれない保護者の方は、「書きたくない」わけでは必ずしもなく、なかなかその時間がうまくとれないのかもしれません。またもしかすると、話すことは得意だが書くことはあまり得意でないタイプなのかもしれません。大切なのは、信頼関係づくりにつながるやりとりです。保護者からの発信は必ずしも「書く」ことである必要はなく、それはあくまでやりとりの手段であると考えれば、たとえば家庭訪問として出かけて、自宅という保護者の安心できる場所で話を聞くのも一つのやり方でしょう。懇談会などの機会を活用して、他の保護者とともに話しやすい雰囲気づくりをするということもあるかもしれません。まさに「これがダメならこれで行こう！」の言葉通り、これまでの方法にこだわらず、さまざまな方法を探りながら引き出しを広げていただければと思います。

逆に、保護者に向けていかに子どもの様子を発信し、豊かなやりとりにつなげるかという観点からは、「単なる子どもの姿」や「変化の事実」のみが記録されたり、ノートを通じて保護者に伝えられたりするだけでは十分ではないと言えるでしょう。直接の対話場面ではもちろん、保育ノートや実践記録のような文章においても、どのような思いや願いをもって子どもに働きかけたのかが語られる・描かれることは、互いの関係をより前にすすめる手がかりです。その子の日中における「ここが一番！」という場面が具体的に描かれた保育ノートや、保育者の思いや子どもの姿をどう見ているかが感じられるクラス通信があることで、はじめての、もしくは久しぶりの0歳児の子育てならびに園生活はよりいっそう豊かなものだと感じられるだろうと思われます[2]。それぞれに合ったことばが保育者の思いや願いとともに発信されることで、保護者との対話もより深めていけるのではないでしょうか。

さらにここから考えると、保護者それぞれに合ったことばそして方法を探るという点からも、対話による保育者間の情報交換とその結果の蓄積、保育者集団としてそれが可能な場をつくることは、0歳児保育における保育者の専門性の本質にかかわる問題です。「家庭との連携が大事」「保育者間の連携が大事」という保育において日常よく耳にするフレーズ以上の重みが、0歳児保育における保護者との、そしてそれを支える保育者間の“対話”には含まれているように思います。

column 7　保護者とのかかわり――思いを伝え合う工夫

第一そだち保育園では、保護者との信頼関係を築いていくために、その手だてを日々考えてきています。とくに０歳児では、家庭での生活がそのまま保育園生活に反映してきたり、子育てをスタートしたばかりの保護者も多く、さまざまな悩みや子育て不安を抱えているため、密なかかわりが必要となってきます。まずは、保育者が安心して話をできる存在になることを大切にしています。

しかし、保護者との関係で、担任も頭を悩ませることが多々あります。そんな時は、会議などで相談し、どのように今後かかわっていくかなど話し合いをもっています。また、園内で行う保育のまとめ会議の中で、「親にもタイプがあって、その人に合った対応をしていくことが大切」と確認し、いろいろな伝え方・かかわり方の工夫を試行錯誤しながら行っています。とくに次の２点を意識しています。

①日々の子どもたちの様子を伝えると同時に、保育者の思いも伝える中で、子育てで大切にしたいことの共有をしていく

・毎月園だよりを発行し、その中で一人ひとりの様子を伝えることだけでなく、友だちとのかかわりやクラス全体の様子などがわかるものを載せている。
・文章だけでなく、もっと伝わりやすいように、課業や行事の様子など写真を使ったかべだより**（→177ページ写真）**をクラスに掲示している。
・連絡ノートで毎日の子どもの様子を書いたり、保育者の子どもへの思いなどを書く。ノートに、子育てや子どものことで質問や悩みが書かれている場合は、直接話をする。

②クラスの保護者に合わせたかかわり方を考える

・なかなか日課が整わず他の子と逆転生活を送っていた子がクラスにいた。どう親に伝えていくかを考え、まずは友だちと過ごす生活の中での様子が伝わるように、かべだよりに友だちとのかかわりや友だちと一緒に外に向けたまなざしなど子どもの表情がわかりやすい写真を貼った。

↓

わが子の写真の様子などに感動し、みんなと過ごすよさが伝わった。

・連絡ノートをなかなか書いてくれない親が多く、どのような伝え方がいいのか考え、懇談会の中で、ノートから抜粋したものを載せた資料をつくり配布した。また、長時間保育の子が多く、なかなか直接会って話ができないのでノートでのやりとりを大切にしたいことや一言でいいから書いてほしいことなど率直な保育者の思いを伝えた。

↓

親からは、「ノートの書き方がわからなかったが、参考になった」「先生たちの思いもわかってよかった」など感想が出た。

（見田村志津）

② 園全体で保育をつくる
対話からめばえる園の文化

本書の最後の締めくくりとしてとりあげるのは、「安心を基盤に“楽しい”でふくらむ大好きな思い」というタイトルでまとめられた実践です。ここではクラス目標の「大好きなおとなとの関係で表情豊かになる」のうち、「大好きなおとな」という点にこだわって、０歳児にとっての「大好きなおとな」って何だろうね、という問いを追求しつつ実践が展開されていきます。

第一そだち保育園では、１年に２回、９月と３月に、各クラスごとにまとめられるワープロ６～10枚程度の保育実践をもとに「保育のまとめ会議」を園全体の保育者で行っています。この実践をまとめた保育者たちは、９月の前半期まとめ会議において「大好きなおとな」の話題にふれつつ「私たち保育者が子どもたちの中で“大好きなおとな”とまではいかなくても、“この人が自分を見ていてくれる”という存在になってきているのでは」と話していました。そして、３ヵ月から10ヵ月の子ども６名を保育する中で、「ゆったりとした時間の中で子どもたちと笑い合い、楽しい時間を積み重ねていくことで、子どもたちにとって保育者が“大好きなおとな”となっていく」こと、そして、その基盤として「安定した心地よい生活リズムや、子どもがゆったりと心地よく過ごせる環境」をあげていました。

ここではその後、半年間の実践の展開の中で、「大好きなおとな」に向けての保育者間の対話がいかにすすめられ、保育に活かされてきたか、そしてそれが子どもたちの豊かな生活とどのように結びついたかを探ることで、対話から立ち上がる保育の魅力を最後に改めて検討したいと思います。

実践　子どもたちにとって「大好きなおとな」になるために

石川英子・笹川あかね

10月に新入園児を２人迎え、新しいめだか組がスタートしました。３月まで担任２人が同じ方向を向いて保育していくために、研修時間などを利用して、クラス運営のこと、子どものこと、悩みや不安、疑問を出し合い、できるだけ“話し合う”ことを大切にしてきました。そして「かわいいね」「大好き」をたくさん子どもたちに伝えることも大切にしてきました。

前半期のまとめ会議を受けて、後半期は“この人が自分を見ていてくれる存在”から“大好きな存在”へとどのようにつながっていくのかを見て、整理していくことが課題でした。

きょうすけくんの「願い」とは

きょうすけくん（11ヵ月）は10月に入所しました。園生活に慣れること、安心して過ごせることに重きをおき、“楽しい”を積み重ねて少しずつ担任との信頼関係を築いていくことを大切にしました。11月下旬のビデオ研修では、クラスからは生活部分（食事含む）でとくに落ち着きがないことを話し合ってほしい点として出しました。参加者からは「まだ園に慣れきっていないのではないか」という話がされ、担任との関係は、今は“この人がいるからちょっとやってみようかな”という段階で、これから“この人とこれをやって楽しい”になっていけたらいい、という話がされ、それを意識して毎日の生活を積み重ねてきました。

１月から２月にかけて（１歳３ヵ月）、きょうすけくんは自分の思いが強く出てきました。“○○したい”と思ってもうまく体が使えなかったり、危険なことでおとなに止められたり、友だちにじゃまされたりすると「アー！」と言ってのけぞったり、床に頭を打ちつけたりしてはげしく怒ります。一度そこまでいってしまうとなかなか気持ちが切り替われません。また、友だちにじゃまされた時はその子をたたいたり、他の子にあたったりすることもあります。保育者から見て理由がわかる時もありますが、ただ近づいて行ってジーッと見て……バシッとたたくこともあります。止めに入るまでしつこく何度もくり返したたいています。最近かみつきも出てきました。“自分の思うようにうまくできない。止められる”という思いが積み重なってイライラしているように感じています。

また、物をよく投げます。とくに食事場面では、コップやカップを口に持っていったかと思うとすぐにひっくり返します。お皿も投げたり落としたりすることが多く、２月上旬のビデオ研修で再び検討してもらい、保育を見直すきっかけをつくることにしました。

きょうすけくんの発信に目を向ける

ビデオ研修の参加者からは、「保育者の動きはよく見ている。保育者の声もちゃんと入っていて、目的がわかれば動きがはっきりしている」「何をしたらいいかわからないなど、変な間があると落ち着きがなくなる」「“ミテミテ”の表情は少ないが、なくはない」「食事場面で、きょうすけくんからの発信に保育者が気づいていない（タイミングがずれている）。座る位置が保育者の横だから気づきにくいのではないか」「食事中、もっと保育者と遊んでもいいのではないか」などの意見が出されました。

毎日の食事場面での私自身の様子を改めて

ふり返ってみると、取り皿に食べ物がなくなるたびにお皿を飛ばすきょうすけくんを怒らないように、とにかく怒らないようにと一生懸命笑顔をつくっていた状態が多く、私自身の顔もこわばっていたと思います。その雰囲気では、きょうすけくんは楽しくなかっただろうと反省しました。

ビデオ研修を受けて、家庭での食事の様子を聞いてみたりしながら、きょうすけくんにとって“楽しい雰囲気で食べる”とはどういうことかを考え、働きかけを変えたり、意識する部分を増やしました。

具体的には、きょうすけくんからの発信に気づくために、補助机をやめて座る位置を保育者の正面に移動し、取り皿もやめて食材をシートをしいて机の上にのせるようにしてみました。また、きょうすけくんに渡す前に「今日は○○だよ。○○入ってるね」など、一緒に見る瞬間を意識して働きかけ、食べている途中も保育者が「ちょうだい」と口を開けて、「パクパク」「おいしい」などのやりとりを楽しむことを心がけました。さらに、いろいろな素材を見つけてうた（食材のうた、カラッポにした時のうた）を歌いながら目と目を合わせ“楽しいね”“おいしいね”の瞬間をつくることを意識し、「おいしい」「もう一回」などしぐさをくわえながらくり返し働きかけました。

きょうすけくんが変わりはじめた

その後、きょうすけくんは食事時間での表情がやわらかくなり、笑顔が増えました。何より“落ちたよ”“カラッポだよ”“食べたいよ”など、“ミテミテ”と保育者の目を見て伝えてくる姿が増えました。また、食事場面にかぎらず生活、あそびの場面でも保育者に指さしで伝えてくる姿が増えました。

きょうすけくんは3項関係ができていないわけではなかったと思います。でも完全ではなかったのかもしれません。食事場面での“楽しいね”のやりとりをくり返すことが、食べ物の向こうに保育者がいることの楽しさを伝えることにつながったのかもしれません。今まで食べ物しか見ていなかったのが、その向こうにいる保育者を見るようになりました。“ミテミテ”の思いがあふれ、その思いが保育者に伝わるうれしさ、楽しさを感じているように思います。

食事場面は、“食べない”“落ち着きがない”など保育者にとってもしんどい部分があります。その裏に保育者の“食べてほしい”願いがあるからかもしれません。しかし、面と向かって楽しいやりとりを積み重ねることができる時間の一つと考えることもできるように思います。きょうすけくんにとって、食事の時間が、保育者が“この人とこれを一緒にやって楽しい存在”になるよいきっかけになったと感じています。きょうすけくんの願いとは“自分を受け止めてほしい”ということだったのだと思います。

私たちは“大好きな人”になれたのか？

そもそも“大好きな人”とはどういう人のことをいうのでしょう。前半期のまとめ会議でも考えましたが、今回クラスでもう一度考えてみました。ちなみに、前半期のまとめ会議で子どもにとって“大好きな人”とは……を考えて頭をかかえたので、今回は自分にとって“大好きな人”がどういう人なのかという視点もまじえながら考えてみました。

私にとっての“大好きな人”とは……

・この人と一緒だからこそ楽しい
・この人と一緒に○○がしたい
・この人に（だからこそ）伝えたい
・この人になぐさめてもらいたい
・この人に（だからこそ）甘えたい
・自分の思いを受け止めてくれる人
・自分の思いに共感してくれる人

というイメージが出てきます。これについての思いは人それぞれだと思います。みんなが考える“大好きな人”を交流し合えたらもっと広がり、新たな発見があるのではないかと思います。

では、私たちは、きょうすけくんはじめ、めだか組の子どもたちにとって“大好きな人”になれたのか？　と考えてみると、答えは「はい（……と信じたい）」です。こればかりは感覚的にしかわからないことかもしれません。それでも、キラキラの笑顔で来てくれたり、朝、顔を見たらうれしそうに笑ったり、子どもたちからたくさん発信してくれたりする姿から、“大好き”と思ってくれているのだと感じています。

半期のまとめ会議のころと一番違う部分は、子どもたちの目だと思います。自分たちを見る目がキラキラしていると感じました。私たちは子どもたちに「大好きだよ」をまなざしやしぐさ、ことばでたくさん伝えてきました。一方通行だったのが、子どもたちからも「大好き」のまなざしを向けられるようになったのでないか……と思います。

“この人が見ていてくれる”から“大好きな人”へ

私たちはこれまで実践するなかで、次のことをよく考え、とくに大切にしてきました。

①とにかく大好き！　やっぱり大好き！　の気持ちが根底にある。

②子どもの要求の裏にある発達要求を探り、応える……“泣き”や“不安”に隠された“願い”を考え、その“願い”に応えたいといろいろ試行錯誤しつつもすすんできた。子どもの不安定な姿は、保育者の悩みや不安（どうしてこの姿？　どうしたら抜け出せる？　どうしたらいい？）につながる。そのときはまず担任間で話し合う。ビデオ研修、クラス会議で悩みを出す。その結果見えていなかった子どもの姿に気づく。自分たちの対応にハッとする。そして今後の対応（方向性）が少し見えてくる。それをふまえ、とにかく自分たちなりに考えて実践する。子どもの姿に変化が見られる。

③ずっと一緒にいるからこそわかってくるその子の好きなこと、不快の境界線（ここまでやると嫌がるなどの線）があり、それらをふまえたうえで積み重ねてきたたくさんの“楽しいね”“楽しかったね”の瞬間を大切にする。

“この人が自分を見ていてくれる存在”というのは、私たちからの「大好き光線」を受ける側という意味で、子どもにとって受動的な感じがします。反対に保育者が子どもたちにとって“大好きな存在”になるということは、子どもたちが「大好き光線」を出す側という意味で能動的な感じがします。これは、子どもがこの一年で身体的にも内面的にも大きくなり、自分から積極的にまわりの世界にかかわっていくようになったこととも関係しているのでしょうか。

一年間大切にしてきたこと、実践してきたことが、子どもたちの中に“この人は自分のことをわかってくれているという安心感、信頼感”がめばえていき、キラキラの目で私たちを見てくれること（＝大好きな人）につながったのではないかと思います。

comment　互いのよさを認め合える職員集団

この保育実践が検討された３月の保育のまとめ会議は、本文中に提起された「自分にとって“大好きな人”とは？」という、保育そのものからは一見離れた（?!）問いに沿って、一人ひとりの“大好き”観が披露されるという和やかな雰囲気の中ですすめられました。さらにそこで披露された“大好き”観とそれぞれのクラスの子どもの姿が結びつけられさまざまな意見がかわされました。

１歳手前のクラスの担当保育者からは、「子どもたちは“安心”は感じているようだが、“大好き”の段階まではすすんでいるのかどうか……」との意見が述べられました。また２歳後半児の多い１歳児の高月齢クラスからは「２歳後半児の場合、一方通行では“大好き”という感じはしない。子どもからの発信があって、それを保育者がつかめたときにはじめて『“大好き”な存在になれた』と感じられる」との意見が示されました。

また０歳児クラスを担当する別の保育者からは「５、６ヵ月ごろの子どもでも“発信”している。でもそれは１歳前半の子どもと何が違うのだろう？」と提起され、“子どもと気持ちが通う”とはどんな状態を指すのか、子どもの安心と子どもからの発信、それをおとながどう受け止めるかなどについて、各自の“大好き”観とからめて活発な議論が展開され、“大好き”のあらわれ方にはそれぞれの段階ごとの違いがあるのではないかということや、その具体的な支え方は子どものできること・できないことに応じて異なってくる、ということが話されました。

この実践のまとめにある、子どもからの「『大好き』のまなざし」を感じるといった分析は、主観にすぎないと言えるかもしれません。しかしながらこの実践のもつ、客観性の担保という点での弱さを越えてなお余る魅力は、保育者それぞれが考える日常的な問題に議論を引きつけつつ、一人ひとりが思いを出し合い、自分たちの保育をふり返るというまとめ会議での保育者間の活発な議論を導いたみずみずしさにあるものと思われます。子ども自身がことばで思いを語るわけではない０歳児クラスだからこそ、それを読み解く保育者をはじめとしたおとなの役割は重要です。それにあたっては、客観的な「子どもの姿」にくわえて、本書を通じてこれまで幾度となく確認してきた、それぞれの保育者がどんな思いで子どもと向き合ったのか、保育者の思いや心の動きが生きいきと書き込まれた実践記録をもとに議論することが欠かせません。そして保育者間の対話をすすめるうえでは、課題を明らかにするとともに、互いのよさやがんばった点を認め合うことが有意義な対話をつくるカギとなるでしょう。

「理想的な実践」から学ぶだけではなく、ときには保育とは離れた身近な問題に引きつけながら、それぞれの保育をふり返っていくことも必要かもしれません。そのような話し合いを通じ、経験年数に関係なく、それぞれの成長やよい点を互いに認め合える保育者集団づくりは、子どもはもちろん、保護者や保育者を含めた０歳児保育に携わるすべての人にとって魅力的な保育をすすめていくうえで欠かせない本質的な課題ではないでしょうか。

3 保育づくりは園づくり

おとなも子どもも安心できる文化を育む

本書を通じて読者のみなさんにもっともお伝えしたかったのは、0歳児の発達についての知識でも、保育実践におけるポイントでもなく、もちろんそれも含めたうえでの“保育づくり”の魅力でした。“保育づくり”といったとき、当然ですがそこから引き出される答えは一つではありません。公立か民間か、都市か地方か、大規模園か小規模園か、新設園か長い歴史を持つ園か……など、その園が置かれている社会環境と、積み重ねてきた軌跡によって、答えのありようは少しずつ異なることでしょう。そのような意味で、保育づくりは園づくりであり、同時に園の文化をつくる営みであるといってもよいかもしれません。

本書で中心的にとりあげた第一そだち保育園では、これまでの30年をこえる保育づくりのプロセスの中で「失敗からの学び」がキーになっています。前園長の松原ひろ子さんは、そのたどってきた道のりを次のようにふり返っています。

> 「……父母の要求で2つ目の保育園ができた1980年から、その後10年くらいの間、私たちの法人は『自分たちの保育こそが正しい』と捉えていた時期があり、他から学ぶ姿勢に欠けていました。経験を積んだ保育士の退職が続き、父母間のトラブルや退園などもあり、2つの園が存亡の危機に立たされ、理事会と残った職員が『地域に根ざした保育園を作り直そう』と重点にしてきたのが研修です。『全国の保育実践や保育理論を学ぼう』と、職員を派遣しました。研修を大事にする姿勢は今も同じで、(同一法人の) 3園で位置づけを一致させたり、合同の企画を取り組んだりしています[3]」

「園づくり」や「園の文化をつくる」というと、なんだかとても壮大な話に聞こえるかもしれません。が、第一そだち保育園で大切にされてきたのは、「他から学ぶ」という謙虚な姿勢であり、それを形にする方法としての“対話”を中心とする研修その他の取り組みを保障することでした。本書でもみてきたように、そこで実際に展開しているのは、特別なマジックでも、カリスマ的な個性をもつ指導者によるリーダーシップでもなく、一人ひとりの保育者の「保育メモノート」にはじまるちょっとした記録と、それを基礎にしたそれぞれの保育者の主体性を引き出す対話、そこで得られた手ごたえを大切にしてはじまる「開かれた園づくり」だったわけです。このことは、職員の異動や入れ替わりがあってなお続く、第一そだち保育園の文化という形であらわれていることを、読者のみなさんには感じとっていただけたのではないかと思います。

第一そだち保育園の保育実践は、保育づくり、園づくりをはじめるにあたって、必ずしも特別な何かが必要ではないことを私たちに教えてくれます。まずは、できる範囲での記録と、対話からはじめてみませんか。保育制度やそれを取り巻く状況が不透明な時代ですが、私たちの先輩、そして私たちが積み重ねてきた足跡が、それによって消し去られるわけではありません。希望をもって、明日の子どもたちのために、魅力あふれる保育をともにつくりあげていきましょう。

1　鯨岡峻・鯨岡和子　2007　保育のためのエピソード記述入門　ミネルヴァ書房
2　第15回あいち保育と子育てのつどい（2009.5.31　於：同朋高校）　ミニ講座と実践交流会『０歳児の保育』資料（ひまわり保育園：名古屋市　保母理英子さん作成）より
3　松原ひろ子　2009　よりよい保育は、よりよい職員集団で（分科会24　よりよい保育と園長の役割）第41回（大阪）全国保育団体合同研究集会要綱, 204.

《第Ⅲ部 資料３・資料５内に登場したえほん》

・『いないいないばあ』松谷みよ子 文、瀬川康男 絵、童心社
・『おつむ　てん　てん』なかえよしを 作、上野紀子 絵、金の星社
・『ねないこだれだ』せなけいこ 作／絵、福音館書店
・『あそびましょ』松谷みよ子 作、丸木俊 絵、偕成社
・『にんじん』せなけいこ 作・絵、福音館書店
・『おつきさま　こんばんは』林明子 作、福音館書店

あとがき

松本先生とのご縁からこの本づくりへの参加に声をかけていただき、「こんな機会はないから」とお引き受けしました。でも、編集会議で議論についていくのに必死で、「私たちでいいの？　大丈夫??」と不安になったことが思い出されます。その後、何度も松本先生と話し合いやメールのやりとりを重ねながら作業をすすめる中で、少しずつ「できるかも」と期待がふくらんでいきました。自分たちの保育を見つめ直し、学ぶよい機会にもなりました。

第一そだち保育園は、０歳児担当経験者が少なく、決してすごい保育をしているわけではありません。だからこそ、自信を持って「読者のみなさんにも必ずできる」と言えます。大切なのは、ともに保育する相手のやりたいことを受け止め、自分の思いも伝え、やりとりを重ねながらお互いの考えを織り合わせていく作業なのだと思います。経験年数に関係なく、みんなで考え対話し、子どもから学ぶ姿勢を大事にすれば大丈夫です！！

私たちの実践が、少しでも読者のみなさんの「０歳児保育っておもしろい」「こんなことやってみたい」という、明日の保育への希望と期待につながればうれしいです。子どもたちの幸せを守る「保育とは」を、みなさんと一緒にこれからも追求していきたいと思います。

（第一そだち保育園）

本書の出版にあたっては、紙数上掲載がむずかしかったものも含めて多くのエピソードを寄せていただいた保育者の方々をはじめ、アイデアをともに議論してきた本シリーズ編集会議の先生方、編集を縁の下で支えていただいたひとなる書房の皆様など、大変多くの方々にお世話になりました。ここに記し、改めて感謝いたします。

私は2002年に本書の監修者の一人である神田英雄先生の後任として、名古屋短期大学に赴任しました。保育の研究者として何も実績がなかった私を、第一そだち保育園に引き合わせてくださったのは神田先生でした。そして、そんな海の者とも山の者ともつかない私に、保育実践検討会にてともに保育を考える機会を与えてくださったのは、前園長の松原ひろ子先生でした。その後、現園長の今井京子先生ほか第一そだち保育園の先生方をはじめ、保育実践をともに語る機会をもてたすべての保育者の方々、名古屋短期大学、香川大学の教え子たちとともに学び、歩んできた成果を、本書では心を込めてまとめたつもりです。

子どもを理解するための研究をすすめ、保育や子育ての場で、子どもたちが豊かな可能性を十分に発揮できるよう支えていくこと。そこで子どもがともに育ち合う権利を保障するという意味でも、それを支える保育者が希望をもって働ける条件を整えること。そして、すべての子どもたちが、今日よりも明日、ちょっぴり明るい気持ちになって、希望をもって目覚めることができるような社会をつくること……。本書が微力ながら、そこへの小さな一歩に貢献できることを願っています。

（松本博雄）

監修者紹介

加藤繁美（かとう　しげみ）
1954年広島県生まれ。東京家政大学子ども学部子ども支援学科教授。著書に『保育の基礎理論』（共著、旬報社）、『保育者と子どものいい関係』（ひとなる書房）、『子どもの自分づくりと保育の構造』（同前）『対話的保育カリキュラム　上・下巻』（同前）、『対話と保育実践のフーガ』（同前）、他多数。

神田英雄（かんだ　ひでお）
1953年埼玉県生まれ。元桜花学園大学教授。2010年３月、急病にて逝去。著書に『０歳から３歳』（ちいさいなかま社）、『３歳から６歳』（ひとなる書房）、『伝わる心がめばえるころ』（かもがわ出版）、『保育に悩んだときに読む本』（ひとなる書房）、『育ちのきほん』（同前）、他多数。

編著者紹介

松本博雄（まつもと　ひろお）
1973年埼玉県生まれ。名古屋短期大学講師・准教授を経て、2010年10月より香川大学教育学部准教授。『現代と保育』80～92号（2011～2015年、ひとなる書房）において連載「実践研究」を担当。2005年より第一そだち保育園にて保育のまとめ会議の助言者を務め、現在に至る。

第一そだち保育園
1968年に愛知県春日井市の藤山台団地の一室からはじまった共同保育所を前身に、1974年認可園として開設した０歳児・１歳児専門の保育所。定員45名。運営は社会福祉法人春日井福祉会。同法人運営の第二そだち保育園では２歳児から就学前までの子どもたちを保育している。

本書には現場の保育者の手で記録されまとめられた保育実践・事例を数多く収録しています。ご協力いただいたみなさまに心より感謝いたします。なお掲載にあたっては、プライバシーに配慮して子どもの名前は仮名とし個人を特定する事実関係は一部変更しています。また本書の流れに合わせて適宜要約しています。（著者）

カバー写真／川内松男
カバー装画／おのでらえいこ
本文イラスト／せきしいずみ
本文・巻頭口絵写真／第一そだち保育園、第二そだち保育園、あかね保育園、他
装幀・本文デザイン／山田道弘

子どもとつくる0歳児保育——心も体も気持ちいい

2011年8月20日　初版発行
2020年4月25日　五刷発行

監修者　加藤繁美・神田英雄
編著者　松本博雄・第一そだち保育園
発行者　名古屋　研一

発行所　㈱ひとなる書房
東京都文京区本郷2-17-13
広和レジデンス
電話　03-3811-1372
Fax　03-3811-1383
hitonaru@alles.or.jp

印刷・製本／中央精版印刷株式会社